LIDERANÇA
NO CANTEIRO DE OBRAS

LIDERANÇA NO CANTEIRO DE OBRAS

Janieyre Scabio Cadamuro

SUMÁRIO

COMO APROVEITAR AO MÁXIMO ESTE LIVRO 6

APRESENTAÇÃO 8

PREPARANDO-SE PARA A CONSTRUÇÃO 12

1. LIDERANÇA 18

O GRUPO DE TRABALHO 28
ESTILOS DE COMPORTAMENTO 47
INFLUENCIAR E MOTIVAR 54
A COMUNICAÇÃO COMO FERRAMENTA DE TRABALHO 63
ESTILOS DE LIDERANÇA 78

2. SOLUCIONANDO CONFLITOS 86

ETAPAS DO CONFLITO 94
RESOLUÇÃO DE CONFLITOS 103

3. SEGURANÇA NA CONSTRUÇÃO CIVIL 108

NORMATIZAÇÃO DE SEGURANÇA PARA A CONSTRUÇÃO CIVIL 115

EQUIPAMENTOS DE PROTEÇÃO 132

4. A ORGANIZAÇÃO DO CANTEIRO DE OBRAS 144

DISTRIBUIÇÃO DOS CENTROS DE ATIVIDADES 149

GESTÃO DE RESÍDUOS 157

EVITANDO O DESPERDÍCIO 170

NOVOS MATERIAIS DE CONSTRUÇÃO 174

FINALIZANDO A CONSTRUÇÃO 178

REFERÊNCIAS 180

GABARITO 186

SOBRE A AUTORA 190

COMO APROVEITAR AO MÁXIMO ESTE LIVRO

CONSTRUINDO O CONHECIMENTO

Confira dicas de livros, filmes e vídeos para complementar os seus conhecimentos sobre o assunto.

FIQUE LIGADO!

Descubra informações e fique por dentro de curiosidades sobre a profissão de mestre de obras!

COLOCANDO A MÃO NA MASSA!

Exercite o que você aprendeu por meio de atividades rápidas.

A PRÁTICA DA CONSTRUÇÃO

Reflita sobre casos práticos que envolvem o trabalho do mestre de obras.

CHECKLIST

Revise os seus conhecimentos sobre os assuntos abordados!

APRESENTAÇÃO

Para enfrentar os desafios atuais que envolvem o **crescimento acelerado** e a **grande concorrência**, o setor da CONSTRUÇÃO CIVIL necessita de **mão de obra especializada**. Isso porque a mão de obra desqualificada gera **desperdícios** e **baixa produtividade**, contribuindo para que o resultado final dos serviços prestados seja uma edificação com **baixa qualidade** e **alto custo**.

Dentro da estrutura de funcionários que trabalham na construção civil, o MESTRE DE OBRAS se destaca não apenas por ser um dos mais importantes profissionais do canteiro de obras, mas também por

ser o responsável por **liderar as equipes de trabalho**, integrando os indivíduos e fazendo com que trabalhem em **segurança**.

O **MESTRE DE OBRAS** precisa conhecer a fundo todos os trabalhos executados, sendo que isso caracteriza sua **habilidade técnica** para a função. Porém, ele precisa de outras competências, como a da **liderança**, que demonstra sua capacidade de **conduzir as pessoas** que desenvolvem determinadas atividades no canteiro de obras. Chamamos essas competências de **habilidades humanas**.

Certa vez, o fiscal de obras de uma empresa de economia mista do Paraná me contou que começou suas atividades profissionais como pedreiro. Desde o início da profissão, ele sempre estudou o ramo da construção civil, fazendo vários cursos de aperfeiçoamento para compreender melhor seu trabalho, o que lhe garantiu a possibilidade de atuar como MESTRE DE OBRAS durante muitos anos. Esse profissional fez também um curso técnico que lhe abriu as portas para o atual emprego, que conquistou por meio de um concurso público. Ele disse que a maior dificuldade do

MESTRE DE OBRAS é **lidar diariamente com pessoas**, o que requer grande capacidade de **comunicação**. De acordo com suas próprias palavras, "o **MESTRE DE OBRAS** precisa ser um pouco psicólogo também, caso contrário, suas dificuldades para o desenvolvimento do trabalho serão muito grandes".

Para que você também possa trilhar um **caminho de sucesso**, este livro irá focar nas **duas principais habilidades** do **MESTRE DE OBRAS**: as **habilidades técnicas** e as **humanas**.

Juntos, vamos adquirir o conhecimento necessário e descobrir quais são as **principais etapas** que compõem o dia a dia desse profissional!

PREPARANDO-SE PARA A CONSTRUÇÃO

O **MESTRE DE OBRAS** é a pessoa que acompanha uma obra desde o início até a finalização desta, sendo o responsável pela **fiscalização** e **supervisão** de todas as etapas necessárias. A principal função desse profissional é ser, ao mesmo tempo, o braço direito do engenheiro e o melhor amigo dos operários, tarefa nem um pouco simples, não é mesmo?

Por isso, o MESTRE DE OBRAS precisa conhecer todos os serviços que são executados na área da construção civil, bem como os **materiais** e as **fases** necessárias. Ele também precisa conhecer a **função** de cada profissional envolvido nas tarefas referentes à construção de obras, bem como possuir ampla **capacidade de liderança**, pois é por meio dessa habilidade que os objetivos do trabalho serão atingidos mais facilmente.

Tanto as pequenas obras, como reformas ou construções de casas térreas, como as grandes construções, com vários pavimentos, necessitam de um MESTRE DE OBRAS, pois é ele o responsável pelo recebimento de materiais, pela organização do canteiro de obras, pela leitura e interpretação dos projetos, pela resolução de conflitos, pela determinação das atividades diárias e pela supervisão dos trabalhos executados.

É importante salientar que, segundo os Conselhos Regionais de Engenharia, Arquitetura e Agronomia (Crea), ligados ao Conselho Federal de Engenharia, Arquitetura e Agronomia (Cofea), **é obrigatória a presença de um engenheiro civil** em todas as obras, mesmo nas pequenas reformas residenciais. Devido a essa determinação, é muito importante que o MESTRE DE OBRAS tenha consciência de que, ao assumir o compromisso de executar uma obra sem a presença de um engenheiro responsável, ele poderá responder pelo crime de **exercício ilegal da profissão de engenheiro**.

Depois dessa preparação, podemos começar a "construir" nossos conhecimentos!

CONSTRUINDO O CONHECIMENTO

Para saber mais sobre o **exercício ilegal** da profissão de engenheiro, arquiteto ou agrônomo, acesse os seguintes *links*:

<http://www.jusbrasil.com.br/topicos/899560/exercicio-ilegal-da-profissao-de-engenheiro>

<http://www.fne.org.br/fne/index.php/fne/jornal/edicao_50_jul_06/exercicio_ilegal_da_profissao_pode_dar_prisao>

Para que você possa conhecer a **ordem hierárquica**, ou seja, as principais funções necessárias dentro da construção civil, observe, a seguir, o **organograma** dos diferentes tamanhos de empresas em que você poderá trabalhar.

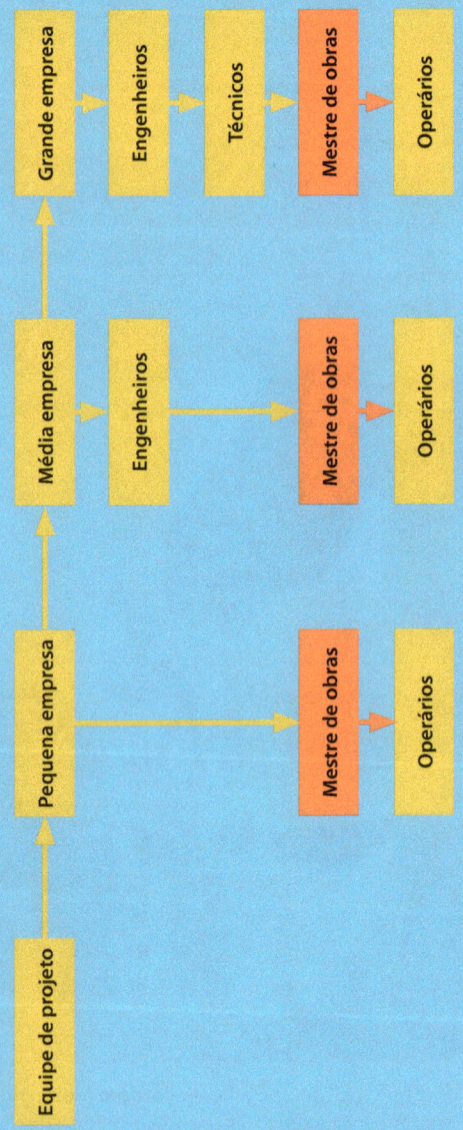

Um ponto que merece destaque é o fato de que, nas pequenas organizações, o dono da empresa é, normalmente, um **engenheiro**. Por esse motivo, ele é o **responsável legal** pelas obras.

Observe que, independentemente do tamanho da empresa, a função de MESTRE DE OBRAS está sempre presente, pois ele é o responsável pela **gestão de pessoas** no canteiro de obras. Conheceremos, agora, algumas das **principais habilidades** desse profissional!

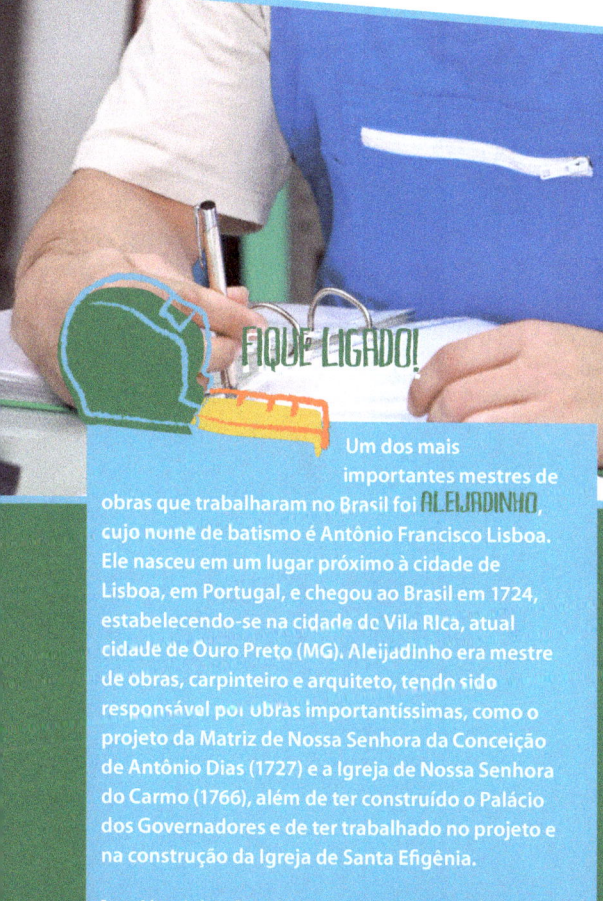

FIQUE LIGADO!

Um dos mais importantes mestres de obras que trabalharam no Brasil foi ALEIJADINHO, cujo nome de batismo é Antônio Francisco Lisboa. Ele nasceu em um lugar próximo à cidade de Lisboa, em Portugal, e chegou ao Brasil em 1724, estabelecendo-se na cidade de Vila Rica, atual cidade de Ouro Preto (MG). Aleijadinho era mestre de obras, carpinteiro e arquiteto, tendo sido responsável por obras importantíssimas, como o projeto da Matriz de Nossa Senhora da Conceição de Antônio Dias (1727) e a Igreja de Nossa Senhora do Carmo (1766), além de ter construído o Palácio dos Governadores e de ter trabalhado no projeto e na construção da Igreja de Santa Efigênia.

Fonte: Adaptado de Profissões de A a Z, 2012.

1
LIDERANÇA

Observe com atenção a foto da Seleção Brasileira de Futebol na **Copa de 2002**:

No meio da foto, o jogador Cafu segura uma flâmula e tem, no braço esquerdo, uma faixa azul, certo? Essa faixa remete ao fato de ele ser o capitão do time. Mas, afinal, o que significa ser o capitão de um time de futebol? Segundo os especialistas no assunto, o capitão é um jogador com bastante experiência, que tem amplo conhecimento do esquema tático determinado pelo técnico e é respeitado entre os demais jogadores e torcedores do time.

A função do capitão é, de acordo com as regras do futebol, participar do sorteio de campo, e, quando o time é campeão,

Depois do que falamos sobre o capitão de um time de futebol e sobre o MESTRE DE OBRAS, você diria que as atividades desses dois profissionais são, de alguma forma, semelhantes? Por quê?

levantar a taça. Mas o que observamos na prática é que, durante o jogo, o capitão também dirige o time dentro de campo e conversa com o árbitro quando há necessidade, questionando-o sobre as regras do jogo.

A escolha do capitão de um time é uma tarefa delicada, pois esse profissional serve de exemplo para os demais jogadores. Por isso, um jogador com tendência a provocar confusões não deve ser escolhido para desempenhar a função de capitão, pois o time poderá imitar esse comportamento dentro de campo.

Assim como o capitão de um time, o MESTRE DE OBRAS também é o **líder** de sua equipe. Podemos dizer, então, que as **principais atividades** desses dois profissionais são: **planejar**, **organizar**, **controlar** e **dirigir seus companheiros de trabalho**.

Vejamos em que consiste cada uma dessas atividades:

PLANEJAR

Planejar significa pensar no futuro, ou seja, fazer **planos**, traçar **objetivos** e definir **meios** para alcançá-los.

ORGANIZAR

Organizar consiste em fornecer as **condições necessárias** para o que foi definido no planejamento. Podemos dizer que organizar é realizar a **divisão do trabalho**, das **tarefas** e das **responsabilidades** de cada profissional.

CONTROLAR

Controlar é verificar se a **organização** do trabalho está sendo obedecida. O ato de controlar envolve o acompanhamento, o monitoramento e a verificação das diferentes atividades.

DIRIGIR

O ato de **dirigir** está relacionado à **coordenação** das diferentes tarefas por meio do estímulo aos funcionários. Assim, eles trabalharão com qualidade e alegria.

COLOCANDO A MÃO NA MASSA!

Imaginamos que você seja um grande conhecedor de futebol e também da rotina do mestre de obras. Por isso, escreva em quais situações o jogador de futebol e o mestre de obras desenvolvem as seguintes atividades:

1. **Planejar**

   Mestre de obras:

   Capitão do time de futebol:

2. **Organizar**

   Mestre de obras:

   Capitão do time de futebol:

3. **Controlar**

   Mestre de obras:

   Capitão do time de futebol:

4. **Dirigir**

   Mestre de obras:

   Capitão do time de futebol:

Depois da explicação das páginas anteriores, fica claro que tanto o capitão de um time de futebol como o **MESTRE DE OBRAS** precisam ter a habilidade de **liderar**, não é mesmo? Por isso, vamos ver em que consiste o conceito de **liderança**:

> Liderar significa **conhecer a natureza humana** e usar esse conhecimento para **conduzir as pessoas** de forma que os objetivos do trabalho sejam alcançados.

Por meio do conceito de **liderança**, pudemos ver que a principal atividade de um líder é **conduzir as pessoas**. Nesse sentido, um cuidado muito grande que devemos tomar envolve a forma de condução dos liderados, pois, dependendo de como ela acontece, o resultado poderá ser **satisfatório** ou **desastroso**. Lembre-se: estamos falando de **seres humanos**, que não são iguais entre si!

A forma como um líder conduz seus liderados acontece, basicamente, mediante quatro tipos de relacionamento. São eles:

1. INFLUÊNCIA: Influenciar significa agir de forma que possamos **modificar o comportamento** de outra(s) pessoa(s) de maneira intencional.
2. CONTROLE: Acontece quando a influência é **bem sucedida**, ou seja, as ações da(s) outra(s) pessoa(s) produzem as **consequências desejadas** pelo agente influenciador, ou seja, pelo líder.
3. PODER: Caracteriza-se pelo **potencial de influência** de uma pessoa sobre outra(s). Ao contrário do que pensamos muitas vezes, o **poder** não é uma força, não significa mandar ou dar ordens. Trata-se da **capacidade de encorajar** outra(s) pessoa(s) para que consiga(m) dar o melhor de si.
4. AUTORIDADE: É o poder legítimo que determinada pessoa possui de acordo com a posição que lhe é dada em uma atividade, empresa ou instituição governamental.

COLOCANDO A MÃO NA MASSA!

1. Para entender melhor os quatro tipos de relacionamento explicados anteriormente, analise as situações a seguir e escreva, abaixo, o comportamento a que elas se referem.

   a. Eduardo é um mestre de obras que está sempre de bom humor e pronto para ajudar as pessoas que precisam dele.

   b. Toda vez que Eduardo percebe uma dificuldade entre os operários, ele os chama para um conversa em particular. Depois dessa conversa, os funcionários ficam mais calmos.

   c. Eduardo é um mestre de obras que todos respeitam. Além disso, os funcionários sabem que podem contar sempre com ele.

   d. Quando percebe que determinada atividade está sendo executada de forma incorreta, Eduardo consulta o engenheiro responsável pela obra e solicita que o trabalho em questão seja refeito.

A maneira como um líder age em diferentes situações influencia diretamente o comportamento de seus subordinados. Porém, como já explicamos, as atitudes do líder devem estar embasadas na **natureza humana**.

Conhecer a natureza humana não é uma tarefa fácil. Muitos pensadores, desde a época de Platão (cerca de 430 a.C) até os dias atuais, vêm tentando desenvolver alguns **modelos** e **teorias** para facilitar o entendimento do que é ser "humano".

Agora, vamos conhecer algumas dessas teorias para que você possa compreender melhor o comportamento humano e suas variáveis. Isso facilitará muito o seu dia a dia como MESTRE DE OBRAS!

CONSTRUINDO O CONHECIMENTO

Bons vídeos sobre liderança podem ser vistos por meio dos seguintes *links*:

<http://www.youtube.com/watch?v=2Gbl0UprP_Y>

<http://www.youtube.com/watch?v=L_HQO4iSjVA&feature=related>

Se você é fã de **Ayrton Senna**, não deixe de acessar também o *link* a seguir:

<http://www.youtube.com/watch?v=OsHg7mCoOck>

Um livro muito interessante sobre liderança é o seguinte:

HUNTER, J. C. *O monge e o executivo*. Rio de Janeiro: Sextante, 2004.

O GRUPO DE TRABALHO

Como já dissemos antes, o MESTRE DE OBRAS é responsável por coordenar e supervisionar o trabalho dos operários. Dessa maneira, esses profissionais poderão executar de forma **ordenada** o que foi determinado pelo engenheiro, pelo arquiteto e pelo restante da equipe do projeto. Sendo assim, as **atividades diárias** do MESTRE DE OBRAS estão diretamente ligadas ao **trabalho com um grande número de pessoas**. Por isso, conhecer o comportamento humano é **fundamental**.

Trabalhar com tantas pessoas ao mesmo tempo exige do líder um **preparo físico** e **emocional** muito grande, pois os indivíduos são diferentes entre si. Além disso, as pessoas entendem e percebem as situações cotidianas de maneiras distintas. Isso porque cada um possui uma **personalidade própria**.

Vejamos a definição da palavra *personalidade*:

> Conjunto de **condutas** de um determinado indivíduo, que vem desde seu nascimento, que faz parte de sua **estrutura**, passando pela sua evolução histórica. Deve-se acrescentar aqui que a personalidade afeta muito mais do que as condutas do indivíduo, pois estabelece uma certa maneira de pensar, sentir, relacionar-se, comer, dormir [...]. (Alves, citado por Pustilnick, 2010, p. 52, grifo nosso)

O MESTRE DE OBRAS precisa levar em consideração a **personalidade** de cada indivíduo que trabalha com ele – ou seja, a maneira de pensar e agir de cada um – para saber **como falar** e **o que cobrar**. Assim, ele contribuirá para um maior **comprometimento** por parte de sua equipe!

Para facilitar o reconhecimento da personalidade dos profissionais que trabalham na construção civil e também de seus parentes e amigos, conheça os diferentes **tipos de personalidade humana**, definidos no estudo do professor Nelson Marins de Lyra (citado por Palmer, 1993):

TIPOS DE PERSONALIDADE

O perfeccionista

Possui alto grau de **exigência** para consigo mesmo e para com as outras pessoas, **não tolerando o erro**. Os indivíduos que possuem esse tipo de personalidade são extremamente éticos, impulsivos e estão sempre alertas, porém correm o risco de se sentirem **superiores** às outras pessoas.

O individualista

Está sempre preocupado com as próprias necessidades e é extremamente **criativo**. No trabalho em equipe, oferece **apoio** às pessoas que estão passando por dificuldades, mas também pode **agir de forma negativa** quando sente que não lhe dão atenção.

O prestativo

Gosta de ser elogiado e apreciado. Por isso, está sempre preocupado com as **necessidades alheias**, dando apoio, agradando ou aconselhando os colegas. Apesar disso, não costuma abrir mão de suas necessidades. Devido às características que possui, tem facilidade para atrair pessoas, mas apresenta dificuldades durante a tomada de decisões. Não gosta de assumir posições de liderança.

O observador

Fala pouco, mas **presta muita atenção** em tudo o que acontece ao seu redor. Por isso, consegue **prever problemas**. Tem dificuldade de relacionar-se com os colegas, pois não gosta de compartilhar a sua privacidade.

O bem-sucedido

É extremamente **dedicado** ao trabalho e sempre se destaca no que faz, pois não mede esforços para atingir seus objetivos. Indivíduos desse tipo são competitivos, bons líderes e extremamente eficientes, mas **temem excessivamente o fracasso**. Além disso, não costumam ter vida social ou afetiva, vivendo apenas para o trabalho.

O patrulheiro

É extremamente **questionador** e tende a ser **negativo**. Para ele, as coisas nunca são simples e fáceis de se resolver. Procura sempre agir dentro das normas do local onde trabalha, evitando brigas. Além disso, não costuma aceitar bem a liderança de outras pessoas. Por ser questionador, muitas vezes tem dificuldade de agir no momento certo.

O sonhador

É como o Peter Pan, personagem do famoso desenho da Disney: um eterno jovem. É **enérgico** e está sempre **motivado**, mas não costuma concluir seus projetos, pois tem dificuldade de assumir responsabilidades e compromissos. Está sempre acompanhado de várias pessoas devido ao seu jeito **extrovertido**. Evita conflitos e confrontos diretos.

O patrão

É **superprotetor** e **controlador**. Está sempre pronto para defender os amigos e parceiros. Quando deseja ocupar a posição de líder, não mede esforços para atingir sua meta. Por outro lado, quando não se interessa por essa posição de comando, respeita e apoia quem a detém. No campo pessoal, é uma pessoa extravagante.

O pacificador

É conhecido como o cara do "deixa disso". Pessoas com esse tipo de personalidade procuram sempre **apaziguar conflitos**. São especialmente importantes no grupo de trabalho por conseguirem **apontar soluções** de maneira **sábia**. Sempre prontos a ajudar, esses indivíduos constantemente esquecem as próprias necessidades, pois têm dificuldade para dizer "não". Não gostam da posição de líder.

Capacidade de resolver problemas ou elaborar produtos valorizados em um ambiente cultural ou comunitário (Gardner, 1995, p. 9).

Se você acha que as pessoas possuem apenas personalidades diferentes, saiba que elas possuem **outros pontos** que as **distinguem**. Vejamos quais são esses pontos!

Além dos diferentes tipos de personalidade, os psicólogos e neurocientistas afirmam que as pessoas possuem variados **tipos de inteligência**. Essa visão refere-se à **Teoria das Inteligências Múltiplas**.

Essa teoria divide a inteligência em **nove habilidades**, que são utilizadas pelas pessoas para que elas **compreendam o mundo** e **resolvam problemas**.

Para que você possa entender melhor essa questão, confira um exemplo prático: alguns indivíduos, como os mestres de obras, têm facilidade de **interpretar projetos** e fazer **cálculos matemáticos**. Já os artistas têm facilidade para se **comunicarem**.

Por meio do exemplo anterior, podemos ver que cada pessoa utiliza habilidades diferentes para trabalhar e, consequentemente, para se relacionar com as outras pessoas. Foi partindo de uma observação simples como a que acabamos de conferir que o psicólogo Howard Gardner, da Universidade de Harvard, nos Estados Unidos, desenvolveu a Teoria das Inteligências Múltiplas, que é amplamente aceita hoje.

TIPOS DE INTELIGÊNCIAS

INTELIGÊNCIA VERBAL OU LINGUÍSTICA

Habilidade de se expressar por meio da **linguagem verbal** em suas formas **oral** ou **escrita**. É um tipo de inteligência muito desenvolvida em escritores e poetas.

INTELIGÊNCIA LÓGICO-MATEMÁTICA

Habilidade com **números** e com o **raciocínio lógico**. Essa inteligência é bem desenvolvida em engenheiros, matemáticos, físicos, filósofos e cientistas.

INTELIGÊNCIA CINESTÉSICA-CORPORAL

Habilidade para utilizar o próprio corpo como **instrumento de expressão**. É predominante em atores e em profissionais que praticam dança e esportes.

INTELIGÊNCIA ESPACIAL

Habilidade ligada à noção de **espaço** e **direção**. É predominante em arquitetos, artistas, escultores, cartógrafos e navegadores. Por exemplo: o escultor Michelângelo criava suas obras de arte a partir de um bloco de mármore. Esse brilhante artista era capaz de formar o modelo mental preciso de um ser humano e esculpi-lo em pedra.

INTELIGÊNCIA MUSICAL

Habilidade para **organizar os sons** de maneira criativa, ou seja, por meio da música. É predominante em compositores, maestros, músicos e críticos de música.

INTELIGÊNCIA INTERPESSOAL

Capacidade de **compreender as pessoas**, ou seja, de se relacionar e responder adequadamente ao humor e ao temperamento dos outros. Essa inteligência encontra-se mais desenvolvida em políticos, religiosos e professores. É essencial para os líderes, como os MESTRES DE OBRA, por exemplo.

INTELIGÊNCIA INTRAPESSOAL

Habilidade para relacionar-se com a pessoa mais importante deste mundo: **você mesmo**! Mediante esse tipo de inteligência, é possível que determinado indivíduo mantenha sua autoestima elevada, de modo que alguns sentimentos e emoções trabalhem a seu favor. Essa inteligência é conhecida também como **autoconhecimento**. É mais desenvolvida em escritores, psicoterapeutas e conselheiros. Assim como a inteligência interpessoal, a intrapessoal é fundamental para as pessoas que ocupam posições de liderança.

INTELIGÊNCIA PICTOGRÁFICA

Habilidade de se expressar por meio de **desenhos** e **imagens**. É muito desenvolvida em pintores, escultores e artistas plásticos.

INTELIGÊNCIA NATURALISTA

Capacidade de **compreender a natureza** e de se sensibilizar com o mundo natural. O maior exemplo dessa inteligência é o biólogo Charles Darwin, que, com base na observação, desenvolveu a **Teoria da Evolução das Espécies**.

COLOCANDO A MÃO NA MASSA!

Para que você compreenda melhor o conteúdo anterior, relembre os tipos de inteligência predominantes nos:

a. Mestres de obras

b. Artistas

FIQUE LIGADO!

Todos nós nascemos com potencial para todas as inteligências, porém, o ambiente em que vivemos e crescemos faz com que desenvolvamos algumas em detrimento de outras.

CONSTRUINDO O CONHECIMENTO

Para saber mais sobre o livro *Aumente sua inteligência semana a semana*, de Bill Lucas, leia a seguinte matéria da *Folha Online*:

<http://www1.folha.uol.com.br/folha/publifolha/ult10037u351904.shtml>

Outras boas dicas podem ser vistas por meio dos *links* a seguir:

<http://www.youtube.com/watch?v=39kwglOKThU&feature=related>

<http://analisecomportament.forumeiros.com/t46-os-tipos-de-personalidade-humana-e-o-trabalho-em-equipe>

A IMPORTÂNCIA DE SE IDENTIFICAR AS DIFERENÇAS DOS LIDERADOS

Depois de ficar por dentro das diferentes personalidades e dos tipos de inteligência, você pôde ver o quanto é difícil ser o líder de um grupo de trabalho, não é mesmo? Por mais que a personalidade de duas pessoas seja parecida, os tipos de inteligência que elas possuem podem diferir.

A forma correta de agir e reagir, considerando-se cada uma das diferentes personalidades e inteligências, dependerá da **sensibilidade** e dos **conhecimentos do líder**, pois, como veremos a seguir, existem também **outras variáveis** na vida de uma pessoa. Essas variáveis fazem com que ela seja **mais** ou **menos** receptiva a **sugestões** e **orientações**.

A partir do momento em que o líder **identifica as diferenças** de seus liderados, ele consegue **influenciar** cada pessoa de maneira mais eficaz por meio de suas **ações** e **palavras**, conseguindo formar equipes de trabalho mais **unidas** e **comprometidas** com o trabalho!

Por exemplo: Ao deparar-se com uma pessoa **perfeccionista** e com **inteligência** predominantemente **lógico-matemática**, o mestre de obras pode abordar determinado assunto de forma **bastante detalhada**, fazendo uso de **modelos matemáticos** e **gráficos** para demonstrar o que está falando. Porém, a melhor forma de sensibilizar com questionamentos um indivíduo **patrulheiro**, que possui **inteligência espacial**, talvez seja mediante **projetos** e **desenhos**.

Você se lembra de que, durante a nossa discussão sobre **inteligência intrapessoal**, comentamos que esse tipo de inteligência precisa estar bem desenvolvida nos líderes? Isso porque, para não ficar perdido na relação com outras pessoas, o MESTRE DE OBRAS deve desenvolver muito bem o **autoconhecimento**, ou seja, conhecer a fundo o seu jeito de ser. Para isso, ele precisa dedicar um **tempo** para si mesmo, refletir sobre seus **pontos fortes** e também sobre aqueles que precisam ser melhorados.

Não pense que isso é fácil. Olhar para dentro de nós mesmos é uma tarefa muito difícil, pois o nosso foco costuma ser sempre os outros, sendo que nunca paramos para pensar em nossas próprias atitudes. Porém, quando passamos a nos **conhecer melhor**, conseguimos **reagir de forma mais adequada** às **diferentes situações** com que nos deparamos diariamente e às **pessoas com quem trabalhamos**.

> Sem dúvida, o **autoconhecimento** é a **melhor ferramenta** de um líder, seja na construção civil, seja em qualquer outro ramo de atuação.

COLOCANDO A MÃO NA MASSA!

Para melhorar o seu **autoconhecimento**, faça o seguinte exercício:

1. Descubra qual é o seu tipo de personalidade e quais são as inteligências mais desenvolvidas em você.

2. Pense em como você **gostaria de ser**, ou seja, que pontos precisa melhorar. Descreva-os.

Guarde suas respostas e procure **mudar** suas atitudes, **uma de cada vez**. Em pouco tempo, você verá que um **ponto fraco** pode se transformar em uma grande **qualidade**!

ESTILOS DE COMPORTAMENTO

O comportamento de uma pessoa está intimamente ligado à sua **personalidade**. Por isso, é importante que você volte ao conceito de **personalidade** e **leia-o novamente**.

Perceba que, desde o nascimento, são vários os **fatores** que afetam um indivíduo. Esses fatores influenciam a forma como a pessoa **age** e **reage** em situações cotidianas.

FATORES QUE INFLUENCIAM NA PERSONALIDADE

Os **fatores** que moldam a personalidade e, consequentemente, o comportamento humano, são:

FATORES CULTURAIS

Um ditado popular diz: "Somos frutos do meio onde vivemos", ou seja, tudo o que acontece à nossa volta influencia diretamente o modo como **agimos** e **pensamos**. Podemos afirmar que isso está relacionado à cultura de um povo ou grupo social. Por exemplo: adolescentes que estudam num mesmo colégio costumam se vestir e falar de maneira semelhante. Quando um desses adolescentes muda de colégio, normalmente ele assume as posturas do novo grupo em que foi inserido.

FATORES SOCIAIS E ECONÔMICOS

Estão relacionados ao **ambiente** onde o indivíduo convive com a família, com os amigos e com os colegas de trabalho (bairro onde mora etc.). Citemos um exemplo: as pessoas que possuem uma condição financeira privilegiada costumam ter **características semelhantes** entre si, como o local onde passam as férias, a forma de tratar os vizinhos etc.

FATORES PESSOAIS

Estão **diretamente relacionados ao indivíduo**, tais como idade, profissão e estilo de vida. Um exemplo é a **mudança de comportamento** que acontece quando alguém entra na terceira idade. Nessa fase da vida, as pessoas costumam ser mais tolerantes e pacientes. Outro exemplo, dessa vez ligado à construção civil, é a diferença de comportamento entre os funcionários de cada uma das etapas da obra, como carpinteiros, pedreiros, armadores etc.

FATORES PSICOLÓGICOS

São os **desejos** do subconsciente humano, influenciados diretamente pelo **estado emocional** do indivíduo. Por exemplo: depois de passar por uma situação de violência, como um assalto, inconscientemente a pessoa começa a sentir medo de tudo que a rodeia, ou, então, desenvolve uma postura agressiva.

COLOCANDO A MÃO NA MASSA!

Para continuar aprimorando o seu **autoconhecimento**, reflita em que aspectos dos itens a seguir os fatores anteriormente demonstrados influenciam seu comportamento diário. Não esqueça de fazer anotações!

a. Cultura
b. Relações sociais
c. Economia
d. Psicologia

O comportamento de uma pessoa pode mudar quando um dos fatores anteriores se **altera**. Em alguns casos, isso pode acontecer de um dia para o outro.

Por isso, quando perceber uma **alteração** no comportamento de um de seus liderados, dedique um **tempo especial** para conversar com a pessoa em questão e, assim, entender **o que causou** a mudança. Se a alteração de comportamento for **positiva**, vale a pena incentivar o profissional por meio de **elogios** ou **atribuição de novas responsabilidades** a ele. Porém, se a mudança for **negativa**, um diálogo franco e gestos de apoio podem ser os **diferenciais** dos quais a pessoa necessita.

Levando em consideração os tipos de personalidade e de inteligência, bem como os fatores que afetam o comportamento humano, algumas teorias foram desenvolvidas. De acordo com elas, podemos agrupar os diferentes tipos de comportamento em **4 estilos**. São eles:

ESTILOS COMPORTAMENTAIS

ESTILO AGRESSIVO

Pessoas agressivas normalmente falam alto e interrompem os outros durante uma conversa. A característica principal desse estilo de comportamento é o **ataque a determinadas pessoas** e **situações**, o que demonstra uma elevada taxa de **frustração pessoal**. O agressivo procura valorizar-se **desvalorizando os outros**. Considera-se superior a todos e incapaz de cometer erros, além de ser uma pessoa extremamente **vingativa**.

ESTILO PASSIVO

É o oposto do estilo agressivo. O indivíduo passivo, sempre que possível, **evita confrontar** determinadas pessoas e situações. Além disso, tem **baixa autoestima** e se submete ao que os outros desejam, pois não sabe dizer "não". Tem dificuldade em tomar decisões.

ESTILO MANIPULADOR

Refere-se a pessoas que pensam apenas no **benefício próprio** e que utilizam outros indivíduos para atingir seus objetivos. O manipulador **não confia em ninguém** nem assume a responsabilidade pelas situações que cria, mudando seu discurso de acordo com a pessoa com quem fala. Para conseguir o que quer, ele **não fornece informações precisas** e faz **chantagem emocional**.

ESTILO ASSERTIVO

Envolve o comportamento **ético**, baseado no **respeito** por si mesmo e pelos outros. O assertivo usa, como base para suas relações e atitudes, a **confiança**, demonstrando seus sentimentos e emoções. Procura sempre o "meio-termo" e se expressa de maneira **clara** e **simples**. Além disso, assume suas responsabilidades e aceita as opiniões de terceiros.

FIQUE LIGADO!

O estilo de comportamento adotado por uma pessoa é determinado pelas **situações que ela vivenciou** desde o nascimento e também pelos **quatro fatores** explicados anteriormente.

Certamente, você encontrará, em seu grupo de trabalho, pessoas com todos esses estilos de comportamento. O importante para o MESTRE DE OBRAS é **saber usar as características de cada indivíduo** para **atingir os objetivos** do trabalho.

Até mesmo os estilos de comportamento que parecem negativos podem ser utilizados de **forma positiva**. Por exemplo: um **manipulador**, apesar de nutrir alguns comportamentos negativos, pode ser um **bom negociador** na compra dos materiais de construção e com os colegas de trabalho. Uma pessoa com tendências **agressivas**, quando bem orientada, pode ser uma **excelente fiscal** de equipamentos de proteção obrigatórios.

Por meio dos exemplos anteriores, podemos perceber que as diferenças pessoais encontradas na equipe de trabalho precisam ser utilizadas de maneira **positiva**, de forma que o grupo, como um todo, atinja resultados que superem as expectativas.

INFLUENCIAR E MOTIVAR

Um grupo de trabalho é composto por profissionais que atuam em **conjunto**, porém esse grupo precisa ser uma **equipe**, que, por sua vez, precisa ser caracterizada pela **união de pessoas** em prol do **mesmo objetivo**.

Analisemos juntos: só podemos considerar como uma equipe de trabalho aquela em que os objetivos e resultados esperados estão **claros** na mente dos profissionais. Para auxiliar na **união** entre os indivíduos de um grupo, fazendo com que se tornem uma **equipe**, existe o **líder**, que, no nosso caso, é o MESTRE DE OBRAS.

Conforme já comentamos, é o **MESTRE DE OBRAS** que **organiza** e **determina** as atividades dos integrantes da equipe. Essa é a principal função de um líder. Quando determina as atividades e responsabilidades de acordo com o perfil comportamental de cada pessoa, o líder faz com que cada um contribua com o seu melhor para atingir os resultados esperados. Adotando esses procedimentos, o líder está **influenciando seus liderados**.

FIQUE LIGADO!

O ato de **influenciar pessoas** faz com que elas atinjam, em grupo, resultados que não conseguiriam sozinhas. O líder que influencia pessoas é aquele que **acredita em seu trabalho**, que **ama o que faz** e que **conhece bem os seus liderados**.

Podemos dizer que as **principais ações de influência** do MESTRE DE OBRAS para que todos os funcionários trabalhem em equipe são as seguintes:

AÇÕES DE INFLUÊNCIA DO MESTRE DE OBRAS

Incentivar a cooperação, mostrando a importância da participação voluntária das pessoas, dando apoio às decisões da equipe e valorizando a realização de cada etapa do trabalho que for bem realizada.

Compartilhar informações, mantendo toda a equipe informada e atualizada sobre o andamento da obra e sobre as determinações dos engenheiros.

Expressar expectativas positivas, mostrando que acredita na capacidade de todos os membros do grupo, e referindo-se a todos sempre de maneira positiva.

Estar disposto a aprender, já que haverá pessoas com mais experiência e conhecimentos. Por isso, é importante valorizar a experiência e as ideias dos outros, solicitando informações sobre o trabalho desenvolvido e interagindo com todos.

Encorajar os profissionais, valorizando os que tiveram bom desempenho tanto dentro como fora da equipe.

Saber ouvir. Certa vez, um advogado comentou que, na grande maioria de seus casos, a solução de um problema era fornecida pelo próprio cliente. Por isso, saiba ouvir o que seus liderados têm a dizer e incentive-os a apresentarem soluções. Isso ajuda a promover um clima amigável no trabalho e favorece a cooperação entre os membros da equipe.

Resolver conflitos. Não tente esconder um conflito quando ele existir; o importante é resolvê-lo da forma mais rápida possível. No próximo capítulo, falaremos especificamente sobre conflitos e como resolvê-los.

CONSTRUINDO O CONHECIMENTO

Para ver mais **dicas** de como influenciar pessoas, acesse:
<http://www.youtube.com/watch?v=TScs-_rC-IY>

Outra ferramenta de que um líder dispõe para **influenciar** seus liderados é a **motivação**. Analisemos essa palavra de acordo com as partes que a compõem (**MOTIVA + AÇÃO**): o que **motiva** a **ação** dos seus liderados?

São as necessidades humanas que motivam as **ações** das pessoas, sendo que essas necessidades **variam de indivíduo para indivíduo**. Por isso, para fazer com que as pessoas estejam sempre motivadas e cooperem com o trabalho, o líder precisa levar em consideração suas **necessidades**.

Para entendermos melhor as necessidades humanas, conheceremos mais uma **teoria** importante!

Segundo Maslow (1971), citado e adaptado por Escola de Gerentes (2012), as necessidades humanas são definidas de acordo com o seu **valor**. Veja, na pirâmide a seguir, qual é a **ordem** das necessidades de acordo com sua importância, indo da **base**, com as **necessidades básicas**, até o **topo**, onde as necessidades estão mais ligadas ao **indivíduo como pessoa**.

PIRÂMIDE DAS NECESSIDADES HUMANAS, SEGUNDO MASLOW

AUTORREALIZAÇÃO
Desafios mais complexos, trabalho criativo, autonomia, participação nas decisões.

AUTOESTIMA
Admiração, reconhecimento, promoções, responsabilidade por resultados.

AFETIVO-SOCIAIS
Bom clima, respeito, aceitação, interação com colegas, superiores e clientes etc.

SEGURANÇA
Amparo legal, orientação precisa, segurança no trabalho, estabilidade, remuneração.

FISIOLÓGICAS
Alimentação, moradia, conforto físico, descanso, lazer etc.

Fonte: Escola de Gerentes, 2012.

De acordo com Maslow, a partir do momento em que uma necessidade da pirâmide está **satisfeita**, a pessoa começa automaticamente a se **preocupar com a necessidade seguinte**. Para entendermos melhor essa questão, vejamos um exemplo: um morador de rua necessita de alimento e de roupas para se agasalhar. Ele não se preocupa se a comida está bem temperada ou se a roupa é da moda. Apenas quer alimento e roupas, pois esses bens são necessários à sua **sobrevivência**. Assim que estiver agasalhado e alimentado, ele começará, então, a se preocupar com **necessidades diferentes**, como moradia e emprego, e assim sucessivamente.

FIQUE LIGADO!

O mestre de obras precisa compreender em que **níveis** da pirâmide estão cada um de seus subordinados. Tendo adquirido esse conhecimento, o profissional deverá descobrir os **motivos** que fazem com que seus liderados executem um bom trabalho. Esses motivos remetem à melhor maneira de motivar as pessoas, pois a preocupação com a **forma como o ser humano executa uma tarefa** conduz a um **plano de motivação eficaz!**

COLOCANDO A MÃO NA MASSA!

1. Siga as seguintes instruções:

   a. Preencha a **primeira coluna** da tabela a seguir com **frases curtas**, respondendo à seguinte questão:

   O que eu quero conseguir com meu trabalho?

   b. Agora, preencha a **segunda coluna** com a resposta ao seguinte questionamento:

   — O que é mais importante na minha vida?

   c. Compare suas respostas com a pirâmide das necessidades humanas, percebendo em que fase da hierarquia de Maslow você se encontra. Utilize também os fatores do comportamento humano, estudados no tópico anterior, para fazer uma nova análise sobre suas necessidades.

Vale ressaltar que se preocupar com o ser humano não significa, em hipótese alguma, **viver passando a mão na cabeça dos liderados**. Em muitos casos, é preciso ter **pulso firme** para não permitir que os problemas pessoais interfiram no bom andamento do trabalho. Por exemplo: se um operário está passando por problemas familiares, o **MESTRE DE OBRAS** precisa compreender sua dificuldade e, se for o caso, remanejar as atividades que ele executa para outro horário de trabalho. Entretanto, o **MESTRE DE OBRAS** não pode permitir que o funcionário simplesmente falte ao trabalho por vários dias consecutivos.

A PRÁTICA DA CONSTRUÇÃO

Rafael é um mestre de obras muito respeitado e admirado. Juliano é chefe da carpintaria e braço direito de Rafael. Há uma semana, ele começou a chegar atrasado ao trabalho e Rafael percebeu que seu comportamento com os colegas de trabalho está diferente. Juliano fala pouco com os outros e demonstra muita irritação quando é questionado.

Ao chamar o colega para uma conversa em particular, Rafael descobriu que o aluguel da casa de Juliano está atrasado há três meses e que o proprietário do imóvel está ameaçando despejá-lo. Por isso, Juliano quer ser demitido para receber os direitos trabalhistas rescisórios e quitar sua dívida.

Como o mestre de obras deve agir nessa situação?

Caso Juliano seja demitido, quais são as consequências disso para o seu futuro e o de sua família? Rafael deve usar esses argumentos com Juliano? Por quê?

CONSTRUINDO O CONHECIMENTO

O filme *Desafiando gigantes*, de Alex Kendrick, fala sobre futebol americano e motivação. Vale a pena conferir!

A COMUNICAÇÃO COMO FERRAMENTA DE TRABALHO

Desde muito pequenos, começamos a desenvolver nossa capacidade de **comunicação**, pois nos relacionamos constantemente com outras pessoas.

A comunicação é tão importante que o apresentador de televisão Abelardo Barbosa, mais conhecido como **Chacrinha**, costumava dizer: **"Quem não se comunica, se trumbica"**. Embora essa não seja uma expressão muito moderna, continua verdadeira, pois a base de todos os relacionamentos é a **comunicação**. Assim, saber expressar-se bem é uma habilidade **essencial** para a vida em comunidade.

No dia a dia, percebemos que algumas pessoas têm **dificuldades de comunicação**. Essas dificuldades podem ter duas causas:

CAUSAS DAS DIFICULDADES DE COMUNICAÇÃO

PEDAGÓGICA

Neste caso, falta à pessoa **vocabulário** e **desenvoltura** para a comunicação. Dessa maneira, a dificuldade pode ser resolvida por intermédio de **estímulos externos** e **automotivação**.

FUNCIONAIS

Envolvem **problemas físicos** relacionados às partes do organismo humano responsáveis pela fala (garganta, nariz, boca e pulmões). Nessa situação, a dificuldade só pode ser solucionada por **profissionais especializados**, como fonoaudiólogos, otorrinolaringologistas e pneumologistas.

FIQUE LIGADO!

Quando falamos dos **estímulos externos**, referentes à **dificuldade pedagógica**, é necessário mencionarmos uma prática da qual já ouvimos falar, a **leitura**. Ler mais é a regra de ouro para melhorarmos nossa capacidade de comunicação.

Ler mais não significa ler somente determinados tipos de livros. Vale ler qualquer coisa: jornais, revistas, encartes, especificações técnicas e livros que lhe agradem. O importante é **conhecer novas palavras e descobrir como usá-las** para transmitir suas ideias de **maneira clara**.

Isso mesmo! Para utilizar a comunicação como **ferramenta de trabalho**, você precisa ser capaz de transmitir suas ideias de forma **clara** e **simples**.

Imagine um MESTRE DE OBRAS com **dificuldades de comunicação**. Como ele irá resolver os problemas de rotina do canteiro? De que maneira ele conseguirá transmitir as informações necessárias para o bom andamento da obra? Como diz Chacrinha, se ele não souber se comunicar, certamente irá se "trumbicar".

Que tal falarmos agora sobre os **conceitos de comunicação** para entendermos melhor o motivo de a leitura ser tão importante?

A comunicação é caracterizada pela transmissão de informações e pela resposta a essas informações, ou seja, pela **troca de mensagens entre as pessoas**.

Veja na imagem a seguir um esquema que explica como funciona a comunicação e os elementos que integram essa ação:

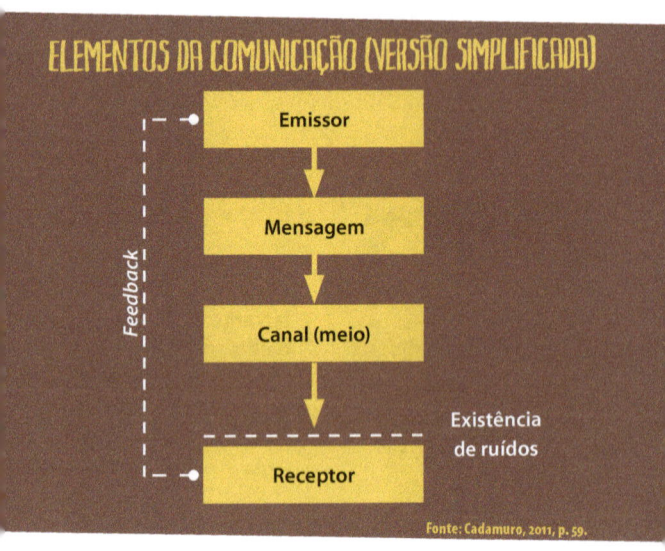

ELEMENTOS DA COMUNICAÇÃO (VERSÃO SIMPLIFICADA)

Feedback

Emissor → Mensagem → Canal (meio) → Receptor

Existência de ruídos

Fonte: Cadamuro, 2011, p. 59.

EMISSOR: Pessoa que deseja transmitir uma informação.
MENSAGEM: A informação a ser transmitida, organizada e clara.
CANAL OU MEIO: É o recurso que será utilizado para o envio da mensagem. Pode ser a fala (comunicação verbal oral), uma mensagem de texto no celular (comunicação verbal textual), um telefonema, entre outras opções.
RECEPTOR: Pessoa para quem o emissor deseja transmitir a informação.

COMUNICAÇÃO VERBAL ORAL

COMUNICAÇÃO VERBAL TEXTUAL

COMUNICAÇÃO VERBAL ORAL

ELEMENTOS DA COMUNICAÇÃO

Para que a comunicação ocorra de forma **eficiente**, veja quais são seus **principais elementos**:

CODIFICAÇÃO: Diz respeito à **organização da informação** a ser transmitida por parte do emissor, de maneira que o receptor a entenda.

DECODIFICAÇÃO: Envolve a **compreensão da mensagem** por parte do receptor, considerando-se o vocabulário de cada pessoa.

FEEDBACK: É o **retorno** dado pelo receptor ao emissor da mensagem. Refere-se ao momento em que há a demonstração de que o que foi falado ou escrito foi devidamente compreendido.

Fonte: Cadamuro, 2011, p. 59.

FIQUE LIGADO!

A organização da mensagem a ser transmitida – a **codificação** – deve ser uma preocupação do MESTRE DE OBRAS. Pense muito bem na informação que precisa ser repassada e na pessoa com quem você irá falar para usar palavras que sejam **acessíveis**. Mesmo quando você falar com o engenheiro da obra, preocupe-se com a **mensagem**, pois ele não conseguirá "adivinhar" o que você está querendo dizer.

Para ter **sucesso** na comunicação, o líder precisa estar atento ao *feedback*. É muito importante que você, após enviar ou receber uma mensagem (seja ela uma explicação, uma solicitação ou um pedido), peça ou dê um *feedback*. Isso porque, como vimos no esquema da comunicação, existem **ruídos** no meio em que a mensagem é transmitida que **dificultam a compreensão**.

Apesar de a palavra *feedback* não ser comum no nosso dia a dia, esse conceito é muito simples de ser utilizado. Depois de transmitir uma mensagem para alguém, pergunte à pessoa em questão o que ela entendeu. Afinal, nem sempre conseguimos nos expressar bem o tempo todo. Esse *feedback* pode evitar **problemas futuros**.

Citemos um exemplo: Depois de determinar as atividades que precisam ser executadas pela carpintaria durante o dia, o MESTRE DE OBRAS deve solicitar ao carpinteiro-chefe um parecer detalhado das atividades que este executará. Se você acha que perderá tempo pedindo esse *feedback* do carpinteiro-chefe, pense que, caso este execute as atividades solicitadas de **maneira incorreta**, o trabalho será, de certa forma, comprometido. Além disso, serão desperdiçadas **horas de trabalho** e vários **materiais de construção**.

Do mesmo modo, quando receber uma mensagem de alguém, dê um *feedback* para confirmar se o que você entendeu está, de fato, correto. Para entender quão importante é o *feedback* nas relações de trabalho, leia o texto a seguir:

RUÍDOS NA COMUNICAÇÃO

O **presidente** de uma grande empresa mandou o seguinte aviso para o diretor-geral: na sexta-feira próxima, às 15h, o Corpo de Bombeiros fará uma palestra sobre **prevenção e combate de incêndios** no pátio da empresa. Todos os funcionários, em especial os supervisores, deverão estar presentes. É muito importante que todos levem **papel** e **caneta** para fazer anotações sobre como utilizar e onde localizar os extintores de incêndio.

O **diretor** repassou a seguinte informação para os gerentes: o Sr. presidente convoca a todos, inclusive os supervisores, para que, na próxima sexta-feira, às 15h, se reúnam no pátio da empresa para assistir a uma exibição do Corpo de Bombeiros sobre a prevenção e o combate de incêndios. Serão utilizados extintores, por isso todos devem ter em mãos papel e caneta.

Os **gerentes** transmitiram a seguinte informação para os coordenadores: na próxima sexta-feira, às 15h, nosso diretor convida para uma maravilhosa apresentação do Corpo de Bombeiros, no pátio da fábrica, sobre como apagar e prevenir incêndios utilizando os extintores da empresa. Os supervisores devem levar papéis e canetas, além dos extintores de suas áreas.

Os **coordenadores** passaram a seguinte informação para os supervisores: como a situação na fábrica anda pegando fogo, o diretor chamou o Corpo de Bombeiros para ensinar a todos, inclusive aos supervisores, como prevenir essa situação utilizando extintores de incêndio. Você e sua equipe devem levar papel e caneta para ajudar a aumentar a fogueira, que será feita às 15h de sexta-feira no pátio da fábrica. Levem também os extintores de sua área para ajudar a apagar o incêndio, caso a situação saia do controle.

Fonte: Cadamuro, 2011, p. 61.

Agora que já conhecemos os **elementos da comunicação**, é hora de sabermos quais são as **duas formas de comunicação**. Pense comigo: durante uma conversa, transmitimos informações por meio da **fala**, mas também demonstramos nossos pensamentos e emoções por intermédio das expressões do rosto, dos gestos das mãos, do tom de voz e da postura do nosso corpo. Sendo assim, a comunicação acontece de forma **verbal** (fala) e **não verbal** (expressões corporais). Vejamos em que consistem essas duas formas de comunicação:

COMUNICAÇÃO VERBAL:

Acontece por meio da **linguagem**, ou seja, da **fala**. A comunicação verbal é tão complicada que, até mesmo em livros, os escritores, utilizando personagens, enfatizam os ruídos dessa forma de se comunicar.

Leia um famoso trecho do livro *O pequeno príncipe*, de Antoine de Saint-Exupéry, em que uma raposa e o personagem-título conversam:

> A raposa calou-se e observou por muito tempo o príncipe:
>
> – Por favor… cativa-me! – disse ela.
>
> – Eu até gostaria – disse o principezinho –, mas não tenho muito tempo. Tenho amigos a descobrir e muitas coisas a conhecer.
>
> – A gente só conhece bem as coisas que cativou – disse a raposa. – Os homens não têm mais tempo de conhecer coisa alguma. Compram tudo já pronto nas lojas. Mas como não existem lojas de amigos, os homens não têm mais amigos. Se tu queres um amigo, cativa-me!
>
> – Que é preciso fazer? – perguntou o pequeno príncipe.
>
> – É preciso ser paciente – respondeu a raposa. – Tu te sentarás primeiro um pouco longe de mim, assim, na relva. Eu te olharei com o canto do olho e tu não dirás nada. A linguagem é uma fonte de mal-entendidos. Mas, cada dia, te sentarás um pouco mais perto…
>
> **Fonte: Saint-Exupéry, 2004, p. 69**

Com certeza, você já passou por uma situação onde quis dizer algo e foi interpretado de maneira completamente diferente, não é mesmo? Por isso, quando Exupéry afirma que a linguagem é fonte de mal-entendidos, o escritor está certo. Dependendo da pessoa com quem estamos falando, a combinação de algumas palavras pode gerar **interpretações distorcidas**.

Outro ditado popular diz o seguinte: "Palavras são como penas jogadas ao vento. Você até pode recolher algumas, mas nunca todas." Por isso, vale reforçar o que já foi dito: pense muito bem nas palavras que irá usar para transmitir determinada mensagem e sempre peça um *feedback* para o seu receptor. Da mesma forma, dê um *feedback* ao emissor de uma mensagem.

COMUNICAÇÃO NÃO VERBAL: Felizmente, essa forma de comunicação é **menos complicada**, pois ocorre por meio do olhar, dos gestos, dos diferentes tons de voz e das expressões faciais, sendo que esses elementos da comunicação são mais fáceis de serem interpretados. Saiba que, segundo os especialistas, apenas **7%** do conteúdo de uma mensagem é transmitido pela linguagem verbal, enquanto os demais **93%** se dão mediante a linguagem não verbal.

No diálogo entre a raposa e o Pequeno Príncipe, que acabamos de ler, o animal deixa clara a importância da linguagem não verbal, pedindo que o Pequeno Príncipe apenas se sente próximo a ele na relva. As expressões corporais dizem muito sobre as **intenções** e as **emoções** de uma pessoa.

FIQUE LIGADO!

Durante uma conversa, preste muita atenção na postura, no tom de voz e nas expressões faciais de quem estiver falando com você. A observação desses elementos facilitará a sua compreensão sobre as emoções do outro de uma maneira que nem as palavras conseguiriam fazer.

Completando o **esquema de comunicação** com os novos elementos apresentados, temos a seguinte figura:

ELEMENTOS DA COMUNICAÇÃO (VERSÃO COMPLETA)

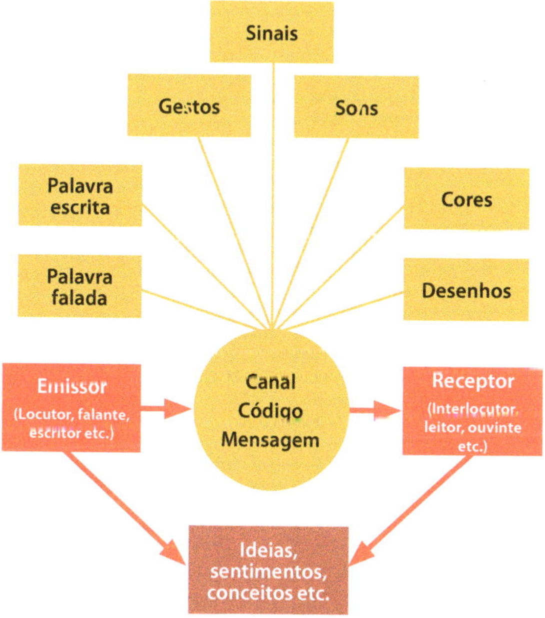

- Sinais
- Gestos
- Sons
- Palavra escrita
- Cores
- Palavra falada
- Desenhos

Emissor (Locutor, falante, escritor etc.) → Canal / Código / Mensagem → Receptor (Interlocutor, leitor, ouvinte etc.)

Ideias, sentimentos, conceitos etc.

Fonte: Cadamuro, 2011, p. 64.

A PRÁTICA DA CONSTRUÇÃO

João é um mestre de obras que está começando a trabalhar em uma nova empreiteira. Por isso, ele ainda não conhece bem todos os colegas. Durante uma conversa com o chefe dos pedreiros sobre as atividades do dia, João percebeu que seu subordinado olhava para os lados, mantinha o corpo tenso e torcia as mãos o tempo todo, apesar de as palavras do diálogo serem amenas.

A **linguagem não verbal** do chefe dos pedreiros está de acordo com uma conversa corriqueira? Por quê?

Como João deve agir nessa situação? Por quê?

CONSTRUINDO O CONHECIMENTO

Um vídeo bastante interessante sobre a **história da comunicação** pode ser assistido por meio do seguinte *link*:

<http://www.youtube.com/watch?v=EiecDnMBPJc>

Outro vídeo sobre comunicação e liderança, que utiliza o filme **A fuga das galinhas** como exemplo, pode ser visto por meio do *link* a seguir:

<http:// www.youtube.com/watch?v=gregu-nJXhM&feature=related>

Se você gosta de desenhos animados, assista também ao vídeo a seguir, que trata de **liderança** e **trabalho em equipe**:

<http:// www.youtube.com/watch?v=933gbmh7t0l&feature=related>

ESTILOS DE LIDERANÇA

Agora que você já compreendeu como é grande a diversidade de pessoas que trabalham em um canteiro de obras, iremos conhecer os **diferentes tipos de líderes**.

Os líderes têm diferentes **personalidades**, **comportamentos** e **níveis de formação**, além de diferentes **motivos** para liderar. Com a ajuda de especialistas em psicologia e gestão de pessoas, foi desenvolvido um **modelo** que ajuda a demonstrar os principais **estilos de liderança**.

O estilo de liderança adotado pelos MESTRES DE OBRAS, capitães de times de futebol ou diretores de grandes empresas é importante para que eles consigam atingir **sucesso** no trabalho. Veja quais são os principais estilos:

TIPOS DE LIDERANÇA

LIDERANÇA AUTOCRÁTICA
Nesse caso, o profissional toma todas as decisões necessárias e impõe suas ordens ao grupo. Exemplo: o Papa católico.

LIDERANÇA CARISMÁTICA
Com esse estilo, o líder faz questão de deixar sua equipe de trabalho **entusiasmada** para **influenciá-la**. Porém, tende a acreditar mais em si próprio do que na equipe. Exemplo: Adolf Hitler.

LIDERANÇA TRANSFORMACIONAL
Esse estilo engloba um **verdadeiro líder**, que se **comunica muito bem** e **delega responsabilidades**, inspirando e influenciando sua equipe. Exemplo: William Wallace, personagem de Mel Gibson no filme *Coração Valente*.

LIDERANÇA PARTICIPATIVA
Nesse caso, os membros da equipe são incentivados a contribuir com **ideias** e **informações**, mas a decisão final fica por conta do líder. Exemplo: o personagem Robin Hood, que já foi retratado na televisão e no cinema.

LIDERANÇA LAISSEZ-FAIRE

Trata-se de uma expressão francesa que significa "deixar andar". Um líder com esse estilo **deixa que os liderados tomem decisões** acerca das atividades que realizam. Esse tipo de liderança deve ser utilizado apenas em equipes cujos integrantes têm grande experiência no que fazem. Exemplo: a figura de Jesus Cristo.

LIDERANÇA VOLTADA ÀS PESSOAS OU ORIENTADA PARA AS RELAÇÕES

Nesse caso, o líder **organiza**, **apoia** e **desenvolve** as pessoas que lidera. Assim como acontece no estilo participativo, o líder voltado para as pessoas procura **desenvolver um bom trabalho** de equipe e a **colaboração participativa**. Exemplo: o ex-capitão da Seleção Brasileira de Futebol, Cafu.

CONSTRUINDO O CONHECIMENTO

Se você quiser fazer uma **análise pessoal** sobre o seu estilo de liderança, acesse o *link* a seguir e responda honestamente às questões:

<http://www.sato.adm.br/rh/ex_analise_pessoal_de_estilos_lideranca.htm>

A LIDERANÇA SITUACIONAL

Vale salientar que, na prática, os líderes utilizam **quase todos os estilos**, pois lidam com pessoas e situações **diferentes**. Essa é a chamada **liderança situacional**.

Esse tipo de liderança acontece quando o líder se comporta de uma maneira quando **conversa individualmente** com os membros da equipe e de outra quando se **dirige ao grupo como um todo**, dependendo do **nível de maturidade** das pessoas que deseja influenciar.

Quando falamos na **maturidade dos liderados**, nos referimos à capacidade e à disposição das pessoas em assumirem responsabilidade por seus **atos** e **comportamentos**. Nesse sentido, a maturidade envolve o conhecimento técnico, a experiência no trabalho, a confiança em si mesmo e a motivação.

Vejamos um exemplo prático de como a liderança situacional costuma acontecer no canteiro de obras: o **MESTRE DE OBRAS** conversa e atribui responsabilidades ao **chefe da carpintaria** de maneira diferente em relação ao **servente de pedreiro**, não é mesmo? Isso porque o grau de maturidade do chefe da carpintaria é bem **maior** que a do servente.

Dentro da **liderança situacional**, existem **quatro comportamentos** adotados pelo líder, dependendo da maturidade do liderado. São eles:

OS COMPORTAMENTOS DO LÍDER SITUACIONAL

DIRIGIR OU DETERMINAR

Esse comportamento é utilizado com pessoas de **baixa maturidade**, sendo que o líder **define a função** de determinado profissional e **especifica o que essa pessoa deve fazer**, além de determinar **como, quando e onde** a atividade precisa ser realizada. Qual é o **estilo de liderança**, explicado no começo deste tópico, adotado pelo líder quando este assume o comportamento mencionada anteriormente?

PERSUADIR OU TREINAR

Para pessoas com maturidade baixa ou moderada, a maior parte das determinações ainda é dada pelo líder. Este, vale ressaltar, tenta **convencer** seus liderados a adotarem determinados comportamentos por meio de **explicações** e de outros mecanismos de **comunicação**. Sendo assim, que tal relacionar o comportamento situacional do líder que persuade ou treina com o estilo de liderança explicado anteriormente?

COMPARTILHAR OU APOIAR

Nesse caso, o líder e o liderado tomam as decisões em **conjunto**, sendo que o papel principal do líder é **facilitar as tarefas**. Para utilizar esse comportamento situacional, o liderado precisa ter maturidade moderada ou alta. Pessoas com esses níveis de maturidade possuem competência, mas não confiam em si mesmas e têm baixa motivação. Qual é o estilo de liderança utilizado aqui? Existe mais de um estilo que se encaixa nesse comportamento situacional?

DELEGAR

Esse comportamento é utilizado com pessoas que possuem alto grau de **responsabilidade**, que desenvolvem projetos e que decidem como, quando e onde executar determinadas ações. Nesses casos, o líder apenas **acompanha** e **identifica** os problemas, servindo como **facilitador das atividades**, o que demonstra uma **valorização do liderado**. Existe mais de um estilo de liderança nesse comportamento? Se sim, qual(is)?

Independentemente do **nível de maturidade** dos liderados, algumas mudanças no comportamento das pessoas podem acontecer e, normalmente, acontecem. Quando essas mudanças ocorrem, é preciso que o líder **reavalie o comportamento situacional** adotado e ofereça mais apoio ao profissional em questão, **orientando-o** para a resolução dos problemas ou **delegando responsabilidades**.

CHECKLIST

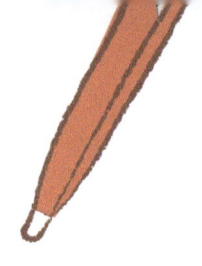

1. Quais são as principais atividades de um líder?
2. Explique a seguinte frase: "O líder tem poder sobre seus liderados".
3. Quais são as duas formas de comunicação? Explique-as.
4. Qual deve ser o comportamento situacional de um líder em relação a liderados de baixa maturidade? Explique no que consiste o estilo mencionado.
5. Complete a coluna da esquerda do quadro a seguir mencionando o tipo de personalidade ou inteligência a que se refere a explicação que está na coluna da direita:

Tipos de personalidade ou inteligência	Descrição
	Pessoas extremamente dedicadas ao trabalho e que sempre se destacam no que fazem, pois não medem esforços para atingir seus objetivos.
	Habilidade para organizar os sons de maneira criativa, expressando-se por meio da música.
	Refere-se a pessoas superprotetoras e controladoras, que estão sempre prontas para defender os amigos e parceiros.

	Habilidade para compreender as pessoas, relacionando-se e respondendo adequadamente ao humor e ao temperamento dos outros.
	Habilidade que indivíduos têm de manter a própria autoestima elevada, de modo que os sentimentos e as emoções trabalhem a seu favor.
	Pessoas com grande grau de exigência para consigo mesmas e para com os outros, não tolerando o erro.
	Profissionais com grande motivação e energia, mas que não costumam concluir seus projetos, pois têm dificuldade de assumir responsabilidades e compromissos.

2
SOLUCIONANDO CONFLITOS

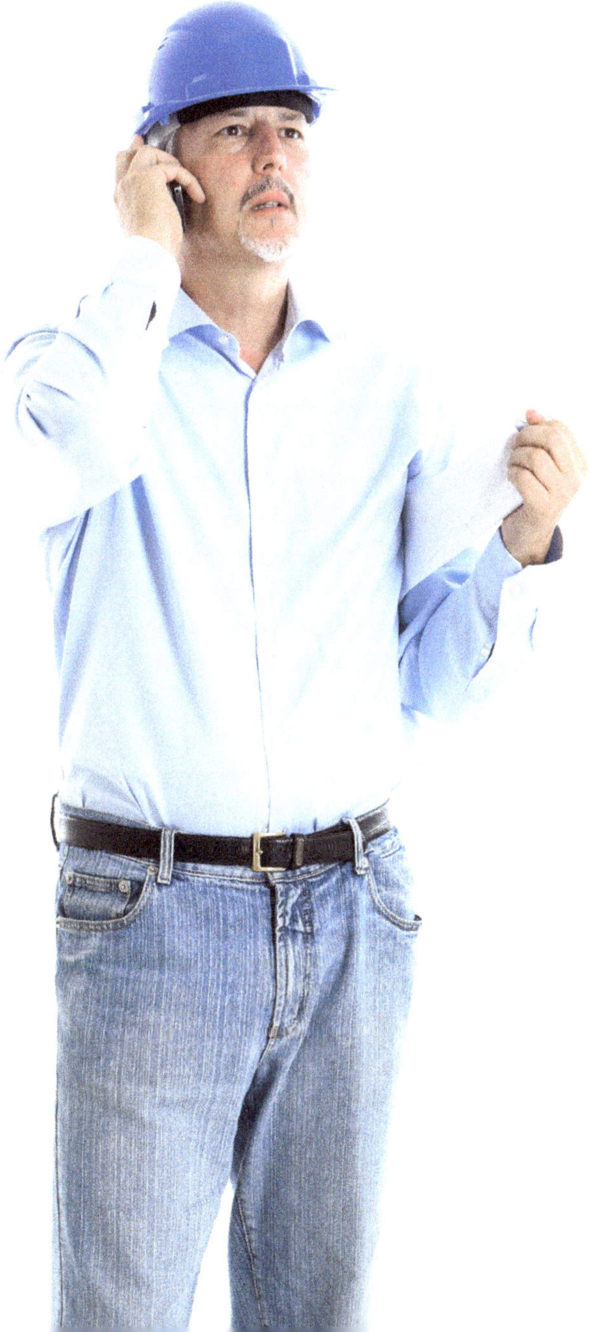

No capítulo anterior, tratamos das ações de influência do MESTRE DE OBRAS e da resolução de conflitos. Como essa segunda habilidade é muito utilizada por todos nós no dia a dia, aprofundaremos um pouco o tema.

Nós já compreendemos que as pessoas são **diferentes** entre si e possuem variados graus de maturidade, certo? Sendo assim, tanto dentro de um canteiro de obras quanto em nossa vida pessoal existirão inúmeras situações em que discordaremos das outras pessoas sobre os mais variados assuntos e as mais diferentes ações. Vale ressaltar que as situações em que existem **diferenças de ideias**, **interesses**, **sentimentos** e **atitudes** são chamadas de **conflitos**.

Vejamos um exemplo prático: no carnaval, com a obra dentro do prazo, uma construtora resolve **prolongar o feriado** dos funcionários, que demonstraram sua satisfação por meio da expressão "é só alegria", bastante comum na construção civil. Digamos que você está com muita vontade de ir para a praia e, quando diz isso para a sua namorada, descobre que ela quer passar o carnaval no campo. Com certeza, isso é um **conflito**, não é mesmo?

PASSAR O FERIADO NA PRAIA É MIL VEZES MELHOR! VOCÊ SABE QUE EU ADORO ÁGUA...

O CAMPO É BEM MAIS ROMÂNTICO!

DEFINIÇÕES DE CONFLITO

Conflito significa a existência de **ideias**, **sentimentos**, **atitudes** ou **interesses** antagônicos e colidentes que podem se **chocar** (Chiavenato, 2003, p. 305, grifo nosso).

> O antagonismo refere-se a uma tendência contrária, à rivalidade, à oposição (Houaiss; Villar; Franco, 2008, p. 46). Ideias opostas, contrárias, contraditórias (Houaiss; Villar; Franco, 2008, p. 165).

Conflito é uma situação em que duas ou mais pessoas ou grupos **discordam** entre si ou experimentam antagonismos recíprocos. O mesmo que **divergência** ou **contraposição** (Chiavenato, 2003, p. 319, grifo nosso).

> Posição ou disposição em sentido contrário; contrariedade, oposição, divergência (Houaiss; Villar; Franco, 2008, p. 188).

Nem todas as situações difíceis com as quais nos deparamos diariamente encaixam-se no conceito de *conflito*. Veja as diferenças:

PROBLEMA

Situação em que a dificuldade pode ser resolvida por meio de **regras existentes**. Por exemplo: digamos que um funcionário se negue a usar os equipamentos de proteção individual. Como o uso desses equipamentos é **obrigatório por lei**, não existe discussão nessa situação: ou o funcionário usa o equipamento ou é demitido por justa causa.

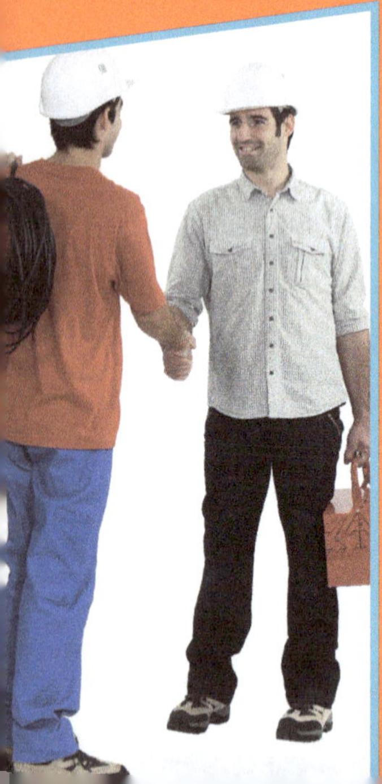

DILEMA

Para resolver dilemas, é necessário que haja **inovação** na abordagem, pois não existe uma solução padronizada para essas situações. Um exemplo de dilema é uma **mudança negativa no comportamento** de um funcionário. Não existe uma regra clara para resolver esse problema. O **MESTRE DE OBRAS** precisa ter **sensibilidade** para descobrir o que está acontecendo e tentar reverter a situação.

CONFLITO

Como vimos anteriormente, o conflito ocorre quando um indivíduo ou grupo defronta-se com um problema cuja solução só se dá da seguinte maneira: ao adotar-se determinada decisão, outra seria automaticamente invalidada. A situação do casal em dúvida em relação ao local de destino no carnaval, que acabamos de ver, é um exemplo de **conflito**.

COLOCANDO A MÃO NA MASSA!

Depois das explicações anteriores, você considera os conflitos que ocorrem no ambiente de trabalho e na vida pessoal como **positivos** ou **negativos**? Justifique.

Conheceremos agora as diferentes **fases** das teorias administrativas sobre o **conflito**:

Na **1ª fase** (entre o século XIX até meados do século XX), em que foram difundidas as **primeiras teorias administrativas**, os estudiosos consideravam o conflito **destrutivo** e **negativo** e, portanto, os líderes deveriam **eliminá-lo**.

Na **2ª fase** (entre as décadas de 1950 e 1970), que se refere à **teoria da abordagem comportamental**, as pessoas começaram a entender que as organizações estão sujeitas a conflitos devido à **diversidade de personalidades** que as compõem e à **competição**.

A **3ª fase (abordagem interacionista)** iniciou-se na década de 1970 e ainda está sendo difundida. Ela considera que alguns tipos de conflitos são **prejudiciais**, e outros, **benéficos** para os indivíduos e as organizações. Os considerados benéficos são frutos do **compromisso** dos profissionais com a instituição onde trabalham, colaborando para a promoção da atenção e para o aumento do esforço. Essa abordagem considera que **administrar conflitos** é uma das **principais tarefas dos líderes**, já que o conflito é o **fator gerador das mudanças**.

Precisamos compreender que cada indivíduo tem **características próprias** e, portanto, lida com conflitos de maneiras diferentes. Dessa forma, se esses conflitos fazem parte das relações sociais, como vimos anteriormente, o problema não parece ser os confrontos em si, mas, sim, a **forma como são administrados** nas mais variadas situações. Para sabermos como administrar conflitos, vamos, primeiramente, verificar quais são as **diferentes etapas** que os compõem.

ETAPAS DO CONFLITO

Na vida pessoal ou profissional, conflitos costumam acontecer quando as pessoas procuram **definir** ou **redefinir** a maneira como as relações devem acontecer. Dentro desse contexto, percebemos que conflitos não são bons nem maus, mas, dependendo da situação, podem ser **construtivos** ou **negativos**.

Um conflito não surge de uma hora para outra. É um fenômeno que se desenvolve em várias **etapas**. Essas etapas, por sua vez, são caracterizadas pelos chamados **comportamentos conflituosos**.

Observe a figura a seguir, denominada **Iceberg do conflito**, e conheça os comportamentos conflituosos que caracterizam as etapas mencionadas.

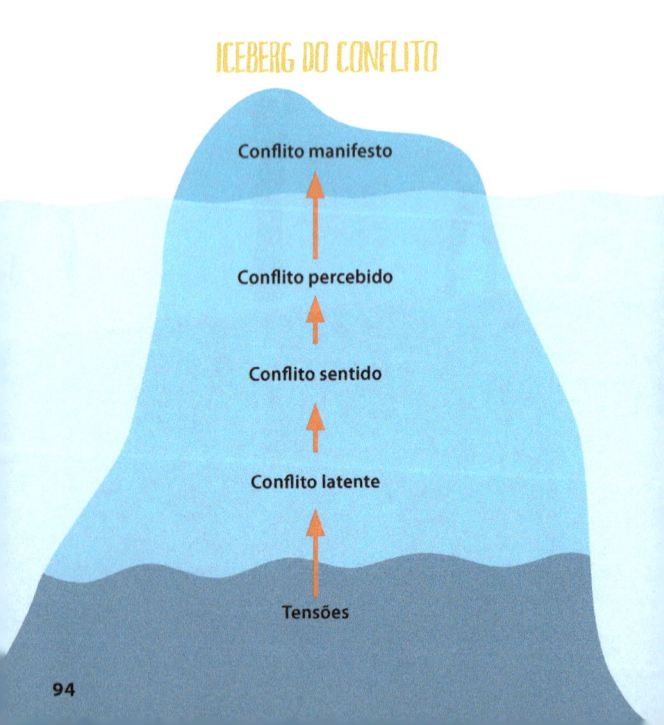

ICEBERG DO CONFLITO

- Conflito manifesto
- Conflito percebido
- Conflito sentido
- Conflito latente
- Tensões

Agora vejamos as etapas separadamente:

AS ETAPAS DO CONFLITO

TENSÕES

São **inerentes** ao relacionamento humano e dependem de fatores como os **estados afetivo** (estresse, tensão, ansiedade etc.) e **cognitivo** (percepção e consciência) de uma pessoa.

CONFLITO LATENTE

Presente em situações que apresentam **condições favoráveis** para o surgimento de **divergências** entre as pessoas. Essas divergências podem ser causadas:

Pela necessidade de autonomia:

Acontece quando uma pessoa ou equipe de trabalho quer exercer controle sobre alguma atividade que outro profissional considera ser de sua área.

Pela competição de recursos:

Como na maioria das empresas os recursos são **escassos**, as pessoas e equipes de trabalho **disputam os recursos disponíveis**, sejam eles **materiais** (equipamentos, ferramentas, instalações, entre outros), sejam **imateriais** (pessoal, benefícios etc.).

Por divergências nos objetivos e duplicidade nas responsabilidades:

Na construção civil, o **conflito latente** acontece principalmente quando o MESTRE DE OBRAS não deixa claras as responsabilidades e direitos de cada uma das equipes, não faz a correta organização do canteiro de obras e não tem uma boa comunicação com o grupo.

CONFLITO SENTIDO OU EMOCIONAL

Mesmo não sendo capazes de dar uma explicação lógica, muitas vezes as pessoas têm **dificuldades de relacionamento**. Esse problema é o que chamamos de **personalização do conflito**, e está relacionado às **características pessoais** dos indivíduos. Esse estágio caracteriza-se justamente pela dificuldade de distinguir o relacionamento **profissional** do **pessoal** no ambiente de trabalho, sendo que há **envolvimento emocional** no conflito. O conflito sentido está ligado, portanto, a estados afetivos de ansiedade, insegurança, dependência, hostilidade e antipatia. Na construção civil, o conflito emocional acontece quando um subordinado não consegue separar as **ações de seus superiores** (MESTRES DE OBRAS, engenheiros e chefes de seção) das **relações de amizade** e vice-versa.

CONFLITO PERCEBIDO OU COGNITIVO

Sentir um conflito e percebê-lo são duas coisas diferentes. Quando o conflito é percebido, torna-se fácil solucioná-lo, pois, a partir do momento em que temos consciência dele, é possível que cada uma das partes envolvidas defenda sua posição, suas ideias e seus sentimentos. Esse "estilo" de conflito é gerado normalmente por **opiniões divergentes**.

CONFLITO MANIFESTO

Nesse caso, os conflitos são realmente **difíceis de serem resolvidos**, pois são caracterizados pela intenção de agredir, sabotar, prejudicar e impedir que a outra parte envolvida atinja suas metas e seus objetivos. Esse estágio inclui a declaração, as ações e as reações das partes envolvidas, ou seja, uma variedade **de comportamentos conflituosos expressos socialmente**.

FIQUE LIGADO!

Nem sempre uma tensão pode chegar ao estágio de conflito percebido ou manifesto. As características pessoais e a interferência do líder são fatores decisivos para que as situações sejam resolvidas rapidamente.

Embora as primeiras teorias administrativas tenham considerado o conflito sob um **enfoque negativo**, atualmente observamos que esse fenômeno tem aspectos **positivos**, pois pode favorecer o desenvolvimento de seres humanos **maduros** e **competentes**.

De maneira geral, podemos destacar os seguintes **aspectos positivos** do conflito:

- Quando envolve grupos de trabalho, ele estabelece **limites** para cada uma das partes, reforçando o espírito de equipe, bem como o grau de identificação dos participantes.
- Pode levar ao estabelecimento de **novas normas** que facilitem a convivência das pessoas.
- Revela problemas existentes.
- Estimula a criatividade e a geração de novas ideias.
- Pode estimular a participação, uma vez que mobiliza a atenção das partes na defesa de seus interesses e objetivos.

Negativamente, o conflito:

- Pode desintegrar equipes.
- Gera desperdício de energia.
- Gera estresse e desgaste emocional nas pessoas envolvidas.
- Pode provocar comportamentos e ações irracionais.
- Tende a diminuir a produtividade das pessoas e dos grupos.
- Provoca ressentimentos e retaliações, podendo, mesmo depois de resolvido, deixar resquícios de insatisfações nas pessoas e nos grupos envolvidos.

CONSTRUINDO O CONHECIMENTO

Um vídeo bastante interessante sobre **conflitos no ambiente de trabalho** pode ser assistido por meio do seguinte *link*:
<http://www.youtube.com/watch?v=GLRv2qH0sHM&feature=related>

A PRÁTICA DA CONSTRUÇÃO

Durante sua verificação diária, o mestre de obras Carlos percebeu que a caixaria de uma das vigas, feita pela carpintaria, estava fora das especificações do projeto. Ele chamou, então, Júlio, o mestre da carpintaria, mostrou-lhe o erro e solicitou que o trabalho fosse refeito. Júlio e Carlos são cunhados, e o primeiro ficou chateado com o segundo por este ter lhe apontado o erro.

Nesse caso, há um conflito? Por quê?

Em que etapa do conflito podemos enquadrar essa situação? Justifique sua resposta.

Como você agiria se estivesse no lugar de Carlos? Explique sua resposta.

Com relação aos tipos de conflitos, podemos destacar os seguintes:

TIPOS DE CONFLITOS

INTRAPESSOAIS

São os conflitos que acontecem no **interior** de cada indivíduo e estão relacionados à **forma** com que as pessoas lidam com suas **emoções** e **necessidades** (autoconhecimento).

INTERPESSOAIS

Ocorrem entre as pessoas e são causados devido a diferenças de personalidade e de objetivos de vida. São gerados também pela necessidade de se ter **autonomia** em um grupo.

INTERGRUPAIS

Acontecem entre diferentes grupos devido à **competição**, à **percepção distorcida e preconceituosa** e a **diferenças ideológicas**.

RESOLUÇÃO DE CONFLITOS

Agora que já entendemos que os conflitos são constantes em nosso dia a dia, pensemos em como resolvê-los da melhor maneira possível!

COLOCANDO A MÃO NA MASSA!

1. Imagine que você está passeando num parque, em uma tarde ensolarada. De repente, percebe que um conhecido se aproxima. Trata-se de uma pessoa com quem você está em **conflito**. Como esse conhecido está vindo em sua direção, você precisa decidir rapidamente como enfrentá-lo, e muitas alternativas passam pela sua cabeça. Considerando isso, responda às seguintes perguntas.

Imagine que a pessoa em questão está passando por você neste momento.

   a. Como você se sente?

   b. Qual é o seu nível de satisfação?

   c. Em que alternativas você está pensando?

   d. Que alternativa você escolherá?

   e. Considerando que o indivíduo já passou por você, descreva qual foi o nível de satisfação que você sentiu.

Como já vimos, os conflitos fazem parte da nossa realidade cotidiana. Seja em casa, seja no trabalho, as necessidades, os valores e os objetivos das pessoas entram em choque. Alguns conflitos são simples de se resolver, porém outros são mais complicados e necessitam de uma **boa estratégia**. Caso contrário, podem gerar **inimizades**.

Para solucionar um conflito, podemos utilizar **três mecanismos**:

MECANISMOS PARA SOLUCIONAR CONFLITOS

EVITAR: Algumas pessoas preferem **evitar conflitos**. Outras chegam até a fugir de certas situações. Isso ocorre porque a maioria das pessoas não tem a habilidade necessária para enfrentar situações conflituosas.

ADIAR: O adiamento consiste em **deixar a situação "esfriar"**, pelo menos temporariamente. Dessa maneira, o confronto é evitado. Tanto na estratégia de **evitação** como na de **adiamento**, a pessoa em questão sente-se **insatisfeita** e **insegura** em relação ao futuro, o que gera preocupações.

CONFRONTAR: Essa estratégia envolve o **enfrentamento** das pessoas que estão em conflito. O confronto pode ocorrer através de **duas táticas**:

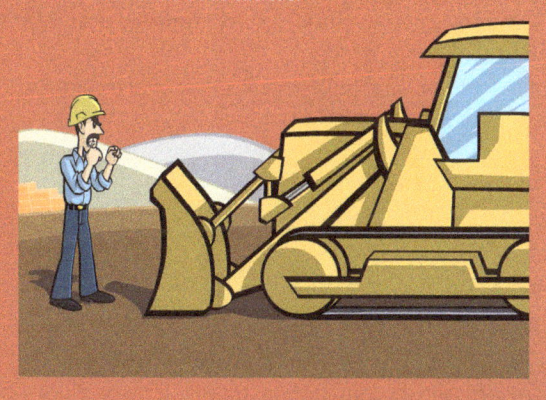

Utilizar o poder: A palavra *poder*, nesse caso, não possui a conotação que vimos anteriormente, quando falamos sobre os tipos de relacionamento entre o líder e seus liderados. Aqui, ela refere-se ao **uso da força física ou emocional**. Quando um conflito é resolvido por meio do **confronto de poder**, geralmente há um **vencedor** e um **vencido**. Infelizmente, para o vencido, o conflito tende a **recomeçar**, pois sentimentos de hostilidade, angústia e até mesmo ferimentos físicos são consequências dessa estratégia de resolução de conflitos. Exemplos de confronto de poder são as guerras entre países, como a Guerra Fria (Estados Unidos contra a antiga União Soviética), que durou de 1945 até 1991.

Negociar: Nessa estratégia, os **dois lados ganham**, pois o objetivo é a **resolução do conflito**. Quando os profissionais utilizam a tática da negociação, buscam um **compromisso** ou uma **solução** que satisfaça ambos os lados envolvidos. Um bom exemplo do uso da negociação para a resolução de conflitos é o filme *A negociação*. Nele, dois profissionais negociam para solucionar um sequestro.

Quando o MESTRE DE OBRAS deseja **negociar** com as partes conflitantes, precisa **saber ouvir** para entender o ponto de vista de cada lado, compreender a natureza do conflito e decidir, de maneira **consensual**, qual será a solução do problema.

De forma resumida, podemos dizer que, para uma boa negociação, é necessário:

- CENTRAR A ATENÇÃO NAS IDEIAS, E NÃO NAS PESSOAS;
- DIALOGAR;
- DOMINAR EMOÇÕES FORTES;
- SABER OUVIR.

Algumas vezes, temos a tendência de usar a técnica do **adiamento**, esperando que a situação **"esfrie"**. Porém, como vimos nas etapas do conflito, o adiamento pode fazer com que um conflito latente seja **manifestado**. Nesse estágio avançado do conflito, a solução pela negociação pode ser muito mais complicada, e o gasto de energia será maior tanto para o **líder** como para as **outras partes envolvidas**.

CHECKLIST

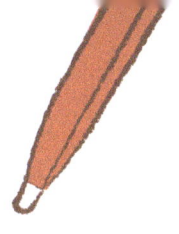

1. Defina **problema**, **dilema** e **conflito**.
2. Quais são as condições favoráveis para o surgimento de divergências entre as pessoas no **conflito latente**?
3. Assinale V (verdadeiro) ou F (falso) para as afirmações a seguir:
   - (   ) Os conflitos só possuem aspectos negativos. Por isso, devem ser eliminados.
   - (   ) Conflitos interpessoais são aqueles que ocorrem na consciência de cada indivíduo, estando relacionados à forma com que cada um lida com as próprias emoções e necessidades.
   - (   ) O estágio do conflito percebido é o que melhor propicia uma solução.
   - (   ) Os conflitos são situações em que existem diferenças de ideias, interesses, sentimentos e atitudes.
4. Quais são as três maneiras de se solucionar um conflito?
5. Para que o processo de negociação seja um sucesso, o que é necessário fazer?

3
SEGURANÇA NA CONSTRUÇÃO CIVIL

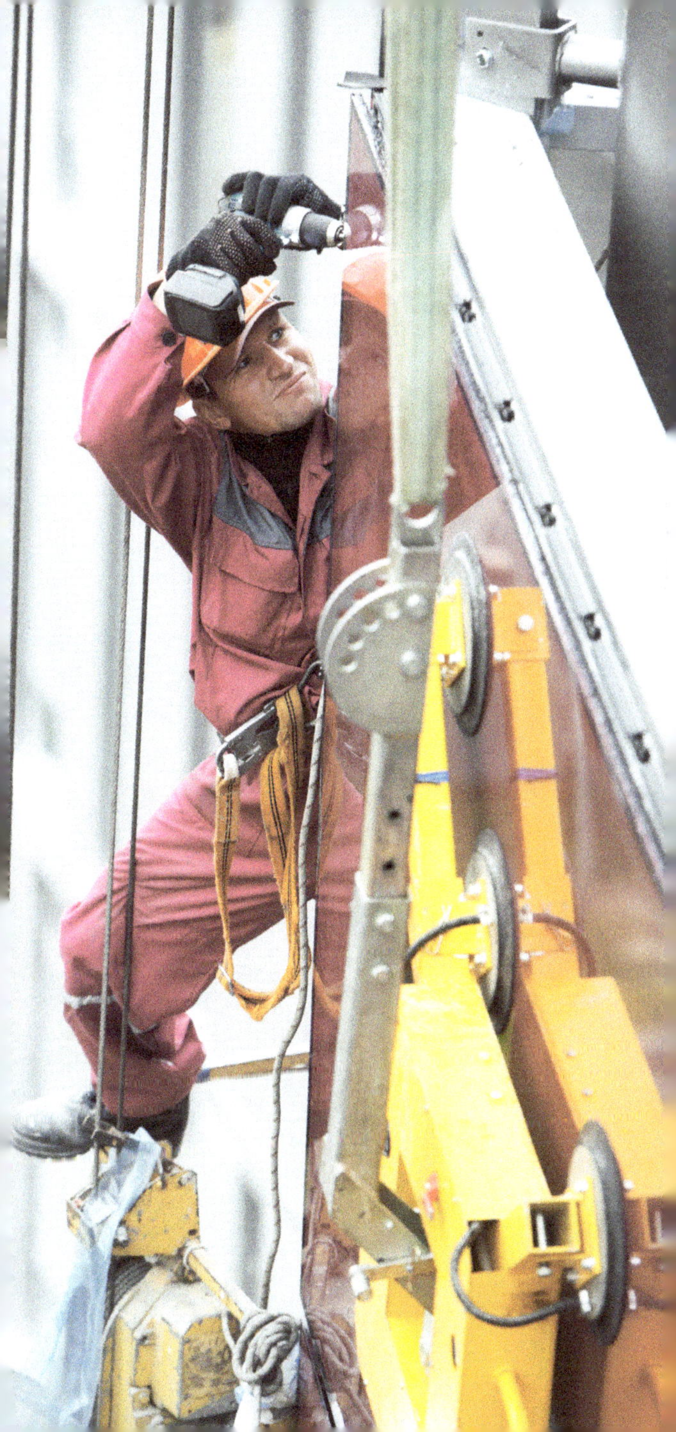

Cuidar da **segurança** dos profissionais que trabalham na obra também é função do MESTRE DE OBRAS. Por isso, vamos entender melhor esse assunto!

A construção civil é um ramo que tem grau de risco **4**, numa escala que vai de **1 a 5**. Trata-se, portanto, de uma atividade profissional em que a **possibilidade de acidentes de trabalho** é muito grande.

Que tal entendermos melhor o que é **acidente de trabalho**? Segundo a Lei nº 8.213/1991 (Brasil, 1991), *acidente de trabalho* é aquele

> *que ocorre pelo exercício do trabalho a serviço da empresa, com o segurado empregado, trabalhador avulso, médico residente, bem como o segurado especial, no exercício de suas atividades, provocando **lesão corporal** ou **perturbação funcional** que cause morte, a perda ou redução, temporária ou permanente, da **capacidade para o trabalho***. (Brasil, 1991, grifo nosso)

Segundo a mesma lei, as **doenças profissionais e do trabalho** também são consideradas **acidentes de trabalho**. Perceba que o conceito da referida expressão, segundo a legislação vigente, engloba também os indivíduos que não são funcionários efetivos da empresa, ou seja, os **prestadores de serviços**. Dessa maneira, o MESTRE DE OBRAS é responsável pela **segurança** desses profissionais enquanto estiverem **dentro** do canteiro de obras.

CONSTRUINDO O CONHECIMENTO

Para saber mais sobre acidentes de trabalho, veja a seguinte reportagem da Globo News:
<http://www.youtube.com/watch?v=O3P_DvH0Mnc&feature=related>

A melhor forma de evitarmos acidentes na construção civil e na vida pessoal é por meio da ação e observação de **medidas de prevenção**. Mas você sabe o que é **prevenir**?

Prevenir é **pensar** antes de executar uma tarefa, procurando adotar **ações seguras**, que **impeçam acidentes**.

FIQUE LIGADO!

Observar se os operários estão adotando **medidas preventivas** é uma boa maneira de o mestre de obras evitar que acidentes de trabalho ocorram dentro do seu canteiro de obras!

CAUSAS DE ACIDENTES NO TRABALHO

Como os acidentes são causados, basicamente, por **quatro atitudes**, vale a pena estar atento a elas:

PRESSA

Ao realizar uma atividade com pressa, o indivíduo pula as etapas referentes à **prevenção**, ignorando os riscos para ganhar tempo.

IMPROVISO

É a adaptação de ferramentas e métodos para a realização de uma atividade de risco.

SUPOSIÇÃO

Em vez de ter certeza, a pessoa supõe que está suficientemente prevenida e protegida.

AUTOEXCLUSÃO

Consiste em pensar que coisas ruins só acontecem com os outros.

CAUSAS DE ACIDENTES NO TRABALHO

Os acidentes de trabalho acontecem por **duas razões**:

ATOS INSEGUROS

Estão diretamente relacionados às quatro **atitudes pessoais** que acabamos de comentar, pois residem, exclusivamente, no **fator humano**. Agindo de maneira insegura, o operário deixa de realizar todos os procedimentos de segurança determinados pela construtora. Ele opta, inclusive, por **não usar os equipamentos de proteção**. Os atos inseguros estão ligados à **inadequação** do indivíduo em relação à atividade que está desenvolvendo, à **falta de treinamento** e a **fatores pessoais** que atrapalham o desempenho do trabalho, como problemas familiares, doenças, cansaço, entre outros.

CONDIÇÕES INSEGURAS

São falhas no ambiente de trabalho que comprometem a **segurança** e a **integridade física** dos trabalhadores. Aqui, vale ressaltar, reside a **principal preocupação** do MESTRE DE OBRAS. Há, inclusive, normas regulamentadoras do Ministério do Trabalho e Emprego envolvendo condições inseguras para a construção civil, em especial a NR 18, a NR 9 e a NR 7.

Dentro do canteiro de obras, a maioria dos acidentes de trabalho acontece devido a uma combinação de **atos** e **condições inseguras**. Em muitos desses casos, a **falta de observação** às medidas de segurança determinadas pelas Normas Regulamentadoras (NRs), demonstrados nos programas de prevenção de cada uma das obras, é o principal motivo dos acidentes.

FIQUE LIGADO!

O mestre de obras precisa estar atento e observar sempre se as determinações de segurança da construtora estão sendo seguidas por todos os operários, inclusive pelos prestadores de serviço.

COLOCANDO A MÃO NA MASSA!

1. As situações a seguir representam condições inseguras, atos inseguros ou uma combinação dos dois? Caso remetam a atos inseguros, mencione também a atitude pessoal à qual estão vinculadas.

   a. Falta de sinalização nos extintores de incêndio.

   b. João se considera uma pessoa muito sortuda, por isso, não usa os equipamentos de proteção individual.

   c. Luciano teve uma queimadura grave por encostar uma chave de fenda num fio elétrico de alta tensão, que estava desencapado.

NORMATIZAÇÃO DE SEGURANÇA PARA A CONSTRUÇÃO CIVIL

Ao falarmos sobre **condições inseguras**, é importante mencionar que existem Normas Regulamentadoras (NR) do Ministério do Trabalho e Emprego para a construção civil. Essas normas têm como principal finalidade **diminuir os riscos** a que estão expostos os trabalhadores de um canteiro de obras.

Como são muitas as NRs existentes, veja as principais no quadro a seguir:

PRINCIPAIS NORMAS REGULAMENTADORAS DA CONSTRUÇÃO CIVIL

NR 5	Comissão Interna de Prevenção de Acidentes
NR 6	Equipamento de Proteção Individual
NR 7	Programa de Controle Médico e Saúde Ocupacional
NR 9	Programa de Prevenção de Riscos Ambientais
NR 10	Segurança em Instalação e Serviços em Eletricidade
NR 11	Transporte, Movimentação, Armazenagem e Manuseio de Materiais
NR 12	Máquinas e Equipamentos
NR 16	Atividades e Operações Perigosas
NR 17	Ergonomia
NR 18	Condições e Meio Ambiente de Trabalho na Indústria da Construção
NR 23	Proteção contra Incêndios
NR 26	Sinalização de Segurança

Fonte: Adaptado de Brasil, 2012.

Além das NRs do Ministério do Trabalho, existem as Normas da Associação Brasileira de Normas Técnicas (ABNT), conhecidas como NBRs, que são específicas para cada tipo de atividade da construção civil.

CONSTRUINDO O CONHECIMENTO

Como são muitas as **NBRs**, você pode conhecê-las melhor por meio dos *links* a seguir:

<http://www.arquitetando.xpg.com.br/lista%20de%20normas.htm>

<http://www.ecivilnet.com/apostilas/normas_tecnicas_engenharia.htm>

Como você pode observar, são inúmeras as normas que buscam **evitar os acidentes de trabalho** na construção civil. Por isso, vamos conhecer as principais por meio dos **programas de prevenção** determinados por elas.

As medidas de segurança variam de acordo com o tamanho da obra e a quantidade de funcionários que nela trabalham. Para que se saiba exatamente quais são os **cuidados** e os **equipamentos de segurança** que deverão ser utilizados durante todas as etapas de uma obra, são realizados, obrigatoriamente, **três programas preventivos** para cada situação.

PROGRAMAS PREVENTIVOS

PROGRAMA DE CONDIÇÕES E MEIO AMBIENTE DE TRABALHO (PCMAT)
Está vinculado à **NR 18** e vale para obras com **mais de 50 funcionários**.

PROGRAMA DE PREVENÇÃO DE RISCOS AMBIENTAIS (PPRA)
Está vinculado à **NR 9** e vale para obras com **menos de 50 funcionários**.

PROGRAMA DE CONTROLE MÉDICO E SAÚDE OCUPACIONAL (PCMSO)
Está vinculado à **NR 7** e é obrigatório para todas as obras, **independentemente do número de funcionários**.

Esses programas são realizados por **profissionais de segurança no trabalho**, juntamente com os **engenheiros responsáveis** pela obra. Os documentos devem permanecer com o **projeto da construção**. Vale ressaltar que os programas mencionados são feitos antes que a obra se inicie e logo após a finalização dos projetos de construção.

FIQUE LIGADO!

O mestre de obras precisa **conhecer bem** os programas, pois eles evitam as **condições inseguras** no canteiro de obras. Além disso, cobrar o uso correto dos equipamentos de segurança tanto da construtora quanto dos funcionários é **dever** do mestre de obras.

Que tal conhecermos um pouco mais esses importantes programas?

PROGRAMA DE CONDIÇÕES E MEIO AMBIENTE DE TRABALHO NA INDÚSTRIA DA CONSTRUÇÃO (PCMAT)

Como já foi dito, o PCMAT é feito com base nas determinações da Norma Regulamentadora nº 18, com o objetivo de **preservar a saúde** e a **integridade física dos profissionais** que irão trabalhar no canteiro de obras, sejam eles funcionários da construtora, sejam eles prestadores de serviços autônomos. É importante lembrar que esse programa é realizado nas obras que possuírem **cinquenta ou mais funcionários**.

Dentro do PCMAT, estão todas as **ações de segurança** a serem adotadas de acordo com o cronograma da obra. Esse programa é feito por profissionais especializados em Segurança do Trabalho, como engenheiros ou técnicos da área, em parceria com o engenheiro civil responsável pela obra.

É importante salientar que a execução do PCMAT é de competência exclusiva do **engenheiro da obra**, porém, como braço direito do engenheiro, é responsabilidade do MESTRE DE OBRAS verificar se os procedimentos de segurança determinados no programa estão sendo cumpridos.

DOCUMENTOS DO PCMAT

Os documentos que fazem parte do PCMAT são:

1) A relação sobre as condições e o meio ambiente de trabalho em todas as atividades e operações, considerando os riscos de acidentes e doenças do trabalho com suas respectivas medidas de prevenção;

2) O projeto de execução das proteções coletivas e individuais a serem utilizadas em todas as etapas da obra;

3) A especificação técnica das proteções coletivas e individuais a serem utilizadas;

4) O cronograma de implantação das medidas preventivas definidas no PCMAT;

5) O *layout* inicial do canteiro de obra, contendo a previsão do tamanho das áreas de vivência;

6) A previsão de treinamento dos funcionários e colaboradores para a prevenção de acidentes e doenças do trabalho (contendo a carga horária).

Fonte: Adaptado de Lima Júnior, 2003.

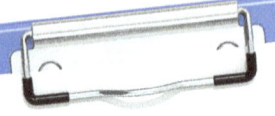

As áreas de vivência citadas anteriormente referem-se ao **espaço físico**, separado da área de construção de um canteiro de obra, onde as **necessidades básicas** dos funcionários, como alimentação, higiene, descanso, lazer e convivência, deverão ser atendidas.

CONSTRUINDO O CONHECIMENTO

Para saber mais sobre o **PCMAT**, acesse o *link*:

<http://www.setrab.com.br/2011/04/o-que-e-pcmat>

Para ler o texto integral da NR 18, acesse o site a seguir:

<http:// www010.dataprev.gov.br/sislex/paginas/05/mtb/18.htm>

Para que você tenha noção da complexidade do PCMAT, confira um modelo simplificado do **índice** do programa.

MODELO DE ÍNDICE - PCMAT

DADOS GERAIS DA CONSTRUTORA .... pg.

DESCRIÇÃO DOS SERVIÇOS A SEREM EXECUTADOS .... pg.

ORGANOGRAMA DA OBRA .... pg.

RESPONSABILIDADES .... pg.

Desenvolvimento do Programa

CAPÍTULO I

Localização da obra .... pg.

Características do local .... pg.

Área de vivência .... pg.

    Banheiros .... pg.

    Chuveiros .... pg.

Máquinas e equipamentos .... pg.

    Serra Circular .... pg.

    Elevador de Carga .... pg.

Procedimentos de emergência .... pg.

    Acidentes leves .... pg.

    Acidentes graves .... pg.

CAPÍTULO II

Equipamentos de Proteção Coletiva (EPC) .... pg.

Equipamentos de Proteção Individual (EPI) .... pg.

Proteção contra incêndios .... pg.

CAPÍTULO III

Procedimentos administrativos .... pg.

Mapa de Riscos .... pg.

    Riscos físicos .... pg.

    Riscos biológicos .... pg.

CAPÍTULO IV

Limpeza do terreno .... pg.

Estrutura .... pg.

Acabamento .... pg.

ANEXOS

Anexo 1 – Locação do canteiro, imóveis próximos, postes elétricos, vegetação, ponto de ônibus, pistas de rolamento.

Anexo 2 – Ordens de Serviço

Anexo 3 – Cronograma de Implantação

No capítulo III do índice do PCMAT demonstrado anteriormente, é possível visualizarmos os **riscos** a que estão sujeitos os trabalhadores da construção civil. Veja que riscos são esses:

RISCOS FÍSICOS

- **Radiação UV solar:** Trabalhadores expostos ao sol.
- **Radiação ionizante:** Proveniente de atividades com soldagem.
- **Calor ou frio excessivo**
- **Ruídos:** São gerados por máquinas e equipamentos como geradores, compressores etc. Além disso, podem ser causados pelo impacto proveniente do uso de marretas e martelos.
- **Vibrações:** Podem ocorrer devido à utilização de ferramentas como martelete, sapo compactador ou de policorte, serra circular de bancada, betoneira, entre outras.

RISCOS QUÍMICOS

- **Poeiras:** Podem ser causadas por materiais como cimento, cal, areia, gesso etc.
- **Vapores orgânicos:** Provenientes das atividades de abastecimento das máquinas e das atividades de manutenção.
- **Tintas:** Englobam riscos originados pelas atividades de pintura.
- **Fumos metálicos:** São vapores químicos e partículas sólidas muito pequenas provenientes das atividades de esmerilhamento, soldagem e lixamento dos materiais metálicos.

RISCOS BIOLÓGICOS

Os agentes causadores dos **riscos biológicos** são os **microorganismos** (ou micróbios) e seus **excrementos** (toxinas). Os microorganismos dividem-se em **três grandes grupos**: as **bactérias**, os **vírus** e os **fungos**. Na construção civil, os microorganismos são provenientes do contato com pessoas contaminadas e das tarefas de limpeza.

CONSTRUINDO O CONHECIMENTO

Os **microorganismos** são os **menores seres vivos da natureza** e só podem ser vistos com o auxílio de um **microscópio**. São encontrados na água, no ar, no solo, nos vegetais, no próprio corpo humano e nos animais.

Os microorganismos precisam de **comida** para sobreviver. Eles a encontram nos **alimentos** e nos **resíduos orgânicos** que ficam no chão, em mesas e equipamentos de trabalho. Por isso, é muito importante manter uma **boa higiene** no ambiente de trabalho e em casa!

Além do alimento, os seres vivos necessitam de água para sobreviver. Com os microorganismos, não é diferente. Por isso, cuidado com poças de água, materiais de uso pessoal, utensílios e equipamentos que acumulem esse líquido. Tome cuidado também com os alimentos que possuem, na composição, grande quantidade de água, como laticínios, peixes, carnes, ovos etc. Mantenha-os sempre em **ambientes refrigerados**.

Outro fator importante para o ataque de microorganismos é a **temperatura**. A maioria dos **micróbios patogênicos** (que causam doenças) se multiplica em temperaturas entre **20 °C e 45 °C**, exatamente o que chamamos de **temperatura ambiente**. Para você ter uma ideia, após **duas horas**, um micróbio já é capaz de se multiplicar e formar **16 novos micróbios**. Após **6 horas**, ele forma um milhão de seres idênticos a ele.

Vale lembrar que nem todos os microorganismos são nocivos à nossa saúde. Alguns até auxiliam na **produção de alimentos** como iogurte, vinagre, pães, salames, queijos etc. Outros são responsáveis pela fabricação de **antibióticos**, como a penicilina. Além disso, em nosso corpo, existem microorganismos "do bem", que auxiliam no **funcionamento regular de várias funções orgânicas**, como a digestão.

PROGRAMA DE PREVENÇÃO DE RISCOS AMBIENTAIS (PPRA)

Em obras com **menos de 50 funcionários**, o programa de preservação da integridade física do trabalhador deve ser o PPRA, que está embasado na **Norma Regulamentadora 9**. Assim como o PCMAT, esse programa engloba as ações que devem ser adotadas para **eliminar**, **neutralizar** ou **reduzir** as **condições inseguras** do local de trabalho, bem como os agentes ambientais, de forma que os acidentes sejam evitados.

Além dos fatores físicos, químicos e biológicos que podem comprometer a **integridade física** dos trabalhadores, há os agentes:

MECÂNICOS

- São instalações físicas, máquinas e equipamentos etc.;

ERGONÔMICOS

- Referem-se ao esforço físico intenso e à postura incorreta, entre outros aspectos presentes nos locais de trabalho. De acordo com a intensidade e o tempo de exposição, esses fatores são capazes de causar **danos à saúde** dos trabalhadores.

As etapas do PPRA são:

- ✓ Antecipar e reconhecer todos os **riscos do ambiente** e do **trabalho** a ser realizado;
- ✓ Estabelecer as **prioridades**, bem com as **metas de avaliação** e **controle**;
- ✓ Avaliar os **riscos** que envolvem os trabalhadores;
- ✓ Implantar **medidas de controle**;
- ✓ Monitorar a **exposição aos riscos**, registrando e divulgando os **dados coletados**.

PROGRAMA DE CONTROLE MÉDICO E SAÚDE OCUPACIONAL (PCMSO)

O PCMSO é um programa desenvolvido com base na **NR 7**, tendo como objetivo a **prevenção**, o **rastreamento** e o **diagnóstico precoce** dos agentes que podem causar danos à saúde do trabalhador. Essa NR não se refere exclusivamente à construção civil. Ela engloba **todos os ramos profissionais**.

O programa é feito levando-se em consideração as **atividades desenvolvidas** por cada funcionário dentro do canteiro de obras, de acordo com sua **função**. Assim, é possível adaptar o trabalho ao profissional e vice-versa.

O objetivo do PCMSO é **promover e preservar a saúde de todos os trabalhadores** por meio de exames médicos periódicos. Esses exames são feitos também na contratação e demissão dos operários.

O PCMSO trabalha em parceria com o PPRA ou com o PCMAT, verificando se as determinações dos programas anteriores, como o uso de proteções individuais e coletivas, estão sendo obedecidas.

No caso específico dos profissionais que atuam na construção civil, podemos destacar dois **fatores de risco** que são observados pelos médicos que fazem o acompanhamento do PCMSO:

- A exposição prolongada ao **cimento**, um produto que possui vários aditivos químicos e que pode levar ao aparecimento de **feridas profundas** nas mãos e nos pés dos trabalhadores.
- Por estarem expostos a uma grande quantidade de **poeira fina**, alguns trabalhadores apresentam sérias **doenças pulmonares**.

COMISSÃO INTERNA DE PREVENÇÃO DE ACIDENTES (CIPA)

A Comissão Interna de Prevenção de Acidentes (Cipa) é um órgão interno da empresa formado por um número igual de **representantes dos empregadores** e **dos empregados**, com o objetivo de preservar a integridade física e a saúde dos trabalhadores e dos prestadores de serviço. A Cipa é regulamentada pela Consolidação das Leis do Trabalho (CLT) nos artigos 163 a 165 e pela NR 5, além de ser complementada pela NR 18, no caso específico da **construção civil**.

A principal função dos integrantes dessa comissão é **analisar as condições de risco no canteiro de obras**, relatando e solicitando medidas para reduzi-los e eliminá-los, melhorando, assim, a **qualidade do ambiente de trabalho**. Em outras palavras, os membros do referido órgão são parceiros do MESTRE DE OBRAS na verificação do cumprimento das determinações do PCMAT, do PPRA e do PCMSO e na complementação destes quando necessário.

Para a constituição da Cipa, são necessários vários procedimentos, que envolvem a **eleição dos membros titulares** por parte dos empregados, a **designação dos membros representantes** por parte do empregador, a **eleição da presidência** e dos demais cargos de gestão e a fase de **registro** no órgão regional do Ministério do Trabalho. É somente depois dessas etapas que os trabalhos efetivos da comissão têm início.

Como foi dito anteriormente, para o caso específico da construção civil, a **NR 18** complementa várias das definições da **NR 5**. Veja quais são essas definições:

NR 18

NR 18 – Condições e meio ambiente de trabalho na indústria da construção

18.33 Comissão Interna de Prevenção de Acidentes CIPA nas empresas da Indústria da Construção

18.33.1 A empresa que possuir na mesma cidade 1 (um) ou mais canteiros de obra ou frentes de trabalho, com menos de 70 (setenta) empregados, deve organizar **CIPA centralizada.**

18.33.2 A CIPA centralizada será composta de representantes do empregador e dos empregados, devendo ter pelo menos 1 (um) representante titular e 1 (um) suplente, por grupo de até 50 (cinquenta) empregados em cada canteiro de obra ou frente de trabalho, respeitando-se a paridade prevista na NR 5.

18.33.3 A empresa que possuir 1 (um) ou mais canteiros de obra ou frente de trabalho com 70 (setenta) ou mais empregados em cada estabelecimento, fica obrigada a organizar **CIPA por estabelecimento.**

18.33.4 Ficam desobrigados de constituir CIPA os canteiros de obra cuja construção não exceda a 180 (cento e oitenta) dias, devendo, para o atendimento do disposto neste item, ser constituída **comissão provisória de prevenção de acidentes**, com eleição paritária de 1 (um) membro efetivo e 1 (um) suplente, a cada grupo de 50 (cinquenta) trabalhadores.

Fonte: NR-18 – 18.31 a 18.38, 2012, grifo nosso.

Considerando isso, as empresas com **menos de 50 funcionários registrados** devem "designar um responsável pelo cumprimento do objetivo da NR-5 e oficializar a Delegacia Regional do Trabalho" (Seconci, 2008).

Nesse sentido, vale mencionar o seguinte: o objetivo da NR 5 é "a prevenção de acidentes e doenças decorrentes do trabalho, de modo a tornar compatível permanentemente o trabalho com a preservação da vida e a promoção da saúde do trabalhador" (Normas..., 2012).

CONSTRUINDO O CONHECIMENTO

Para ouvir uma videoaula sobre a Cipa na construção civil, acesse o *link* a seguir:

<http://www.temseguranca.com/2011/09/cipa-na-construcao-civil-video.html>

Acesse também o *site* do Serviço Social do Sindicato das Indústrias da Construção Civil no Estado do Paraná (Seconci):

<http://www.seconci-pr.com.br/seconcipr/?p=50>

Nele, existem **dicas** de segurança no trabalho, normas regulamentadoras e outros tópicos que podem interessá-lo!

EQUIPAMENTOS DE PROTEÇÃO

Como já comentamos, a maioria dos acidentes de trabalho acontece pela combinação de **atos** e **condições inseguras**. Para evitar essas situações de risco, as empresas disponibilizam **equipamentos de proteção individual e coletiva**.

Vamos conhecer cada um deles.

EQUIPAMENTOS DE PROTEÇÃO INDIVIDUAL (EPIs)

Os equipamentos de proteção individual são aqueles destinados a **proteger a integridade física** dos funcionários, **eliminando** ou **neutralizando os riscos de acidentes** gerados por agentes físicos, químicos e biológicos, presentes no ambiente de trabalho.

Dessa maneira, podemos entender que os EPIs são vários dispositivos fornecidos **gratuitamente** pela construtora para eliminar ou neutralizar um ou mais riscos que possam ameaçar a segurança e a saúde dos funcionários.

Como vimos no quadro das Normas Regulamentadoras, no item sobre a Normatização de Segurança no Trabalho para a Construção Civil, a **NR 6** é responsável por tudo o que envolve os EPIs. Vejamos o que a diretriz determina:

DETERMINAÇÕES DA NR 6 SOBRE OS EPIs

Responsabilidades do empregador quanto aos EPIs	Responsabilidades do empregado quanto aos EPIs
Adquirir os equipamentos adequados ao risco de cada atividade.	Utilizá-los apenas para a finalidade a que se destinam.
Exigir o uso desses equipamentos.	Responsabilizar-se pela guarda e conservação dos equipamentos.
Fornecer ao trabalhador somente os equipamentos aprovados pelo órgão nacional competente em matéria de segurança e saúde no trabalho.	Comunicar ao empregador qualquer alteração que torne esses equipamentos impróprios para uso.
Orientar e treinar o trabalhador sobre o uso adequado, guarda e conservação dos equipamentos.	Cumprir as determinações do empregador sobre o uso adequado dos equipamentos.
Substituir imediatamente os equipamentos quando danificados ou extraviados.	
Responsabilizar-se pela higienização e manutenção periódica.	
Comunicar ao Ministério do Trabalho e Emprego (MTE) qualquer irregularidade observada.	
Registrar o seu fornecimento ao trabalhador, podendo ser adotados livros, fichas ou sistema eletrônico (Inserida pela Portaria SIT/DSST 107/2009).	

Fonte: Elaborado com base em Guia Trabalhista, 2012.

Sistema Nacional de Metrologia, Normatização e Qualidade Industrial (Sinmetro).

Ainda segundo a **NR 6**, os equipamentos de proteção individual, levando em consideração os **riscos** a que estão expostos os trabalhadores, são:

EPIs DE ACORDO COM O RISCO DA ATIVIDADE (NR 6)

Proteção para a cabeça Uso: Todas as pessoas que circulam pelo canteiro devem usar capacete.	Capacete; Capuz ou balaclava.
Proteção para os olhos e a face Uso: Todos devem usar os equipamentos ao lado quando houver necessidade de proteção facial, em especial os carpinteiros, o operador de betoneira, o operador de martelete, o operador de policorte, o pintor e o soldador.	Óculos; Protetor facial contra impactos de partículas volantes, radiação infravermelha, riscos de origem térmica e radiação ultravioleta; Proteção facial para os olhos (contra luminosidade intensa); Máscara de solda.
Proteção auditiva Uso: Todos devem usar, obrigatoriamente, quando expostos a ruídos com níveis acima do determinado pela a NR 15.	Protetor auditivo.
Proteção respiratória Uso: Todos devem usar quando houver necessidade de proteção respiratória, em especial os carpinteiros, o operador de betoneira, o operador de martelete, o operador de policorte, o pintor e o soldador.	Respirador purificador de ar motorizado ou não; Respirador de adução de ar tipo linha de ar comprimido; Respirador de adução de ar tipo máscara autônoma; Respirador de fuga.
Proteção do tronco Uso: Os aventais de raspa são obrigatórios para os armadores e carpinteiros. Os aventais de PVC devem ser utilizados pelos pintores.	Vestimentas para a proteção do tronco contra riscos de origem térmica, mecânica, química, radioativa, meteorológica e contra a umidade proveniente de operações com uso de água.

Proteção dos membros superiores **Uso**: Os mangotes de raspa devem ser utilizados pelos armadores. As luvas de raspa são indispensáveis para os carpinteiros, para a equipe de concretagem, para os operadores de guincho e máquinas, para os pedreiros e para os poceiros. As luvas de PVC são utilizadas pelos almoxarifes, encanadores e pintores.	Luvas; Mangas; Creme protetor contra agentes químicos; Braçadeira; Dedeira.
Proteção dos membros inferiores **Uso**: Os "sapatões" devem ser utilizados por todos que circulam pela área da obra.	Calçado para proteção contra impactos de quedas de objetos sobre os artelhos, contra agentes provenientes de energia elétrica, contra agentes térmicos, abrasivos, escoriantes, cortantes e perfurantes, contra umidade proveniente de operações com uso de água e contra respingos de produtos químicos; Meia; Perneira; Calça.
Proteção de corpo inteiro Sem uso específico na construção civil	Macacão; Vestimenta de corpo inteiro.
Proteção contra quedas com diferença de nível **Uso**: Conforme as determinações da NR 18	Cinturão de segurança com dispositivo trava-queda para proteção do usuário contra quedas em operações com movimentação vertical ou horizontal; Cinturão de segurança para proteção do funcionário contra riscos de queda em altura; Cinturão de segurança para proteção do funcionário contra riscos de queda no posicionamento em trabalhos em altura.

Considera as alterações dadas pela Portaria SIT 292/2011

Fonte: Elaborado com base em Guia Trabalhista, 2012.

Considerando os **equipamentos de proteção contra queda**, a **NR 18** traz algumas determinações específicas para a construção civil:

- O cinto de segurança abdominal serve como **limitador de movimentação**, e seu uso mais comum se dá em serviços de eletricidade (Expodireto, 2012).
- O uso do cinto de segurança do tipo paraquedista é recomendado em atividades desenvolvidas a mais de 2 metros de altura do chão, evitando a **queda dos trabalhadores** (Expodireto, 2012).
- Junto ao cinto de segurança, deve haver o dispositivo trava-quedas. Este, por sua vez, precisa estar preso a um cabo de segurança, independentemente da estrutura do andaime (Dasol, 2011).
- Os cintos de segurança dos tipos abdominal e paraquedista devem possuir outros dispositivos de segurança – como argolas e mosquetões de aço –, para garantir a eficácia do equipamento (Dasol, 2011).

Perceba que a preocupação com a **vida** e o **bem-estar** do trabalhador é muito grande. Dessa forma, quando a construtora fornece os equipamentos de proteção individual, ela está cumprindo determinações legais, sim, mas também deseja que seus funcionários **trabalhem com segurança**.

FIQUE LIGADO!

Os **sapatos de proteção**, também conhecidos como "sapatões", podem não ser considerados de última moda, mas foram projetados e testados para evitar que o trabalhador sofra **ferimentos graves** durante suas atividades diárias. O mesmo acontece com os capacetes, luvas, aventais etc.

Dessa maneira, quando um de seus funcionários não estiver utilizando todos os EPIs, explique a ele a **importância de cada um deles**, conforme demonstrado na tabela anterior. Porém, caso ele não se sensibilize, a não utilização dos equipamentos de segurança por parte dos funcionários é motivo de **demissão por justa causa**, conforme já foi dito nesta obra.

FIQUE LIGADO!

A **demissão por justa causa** acontece quando o empregado se nega a cumprir uma **determinação da empresa**, agindo de má fé, o que resulta na perda de seus **direitos trabalhistas**.

CONSTRUINDO O CONHECIMENTO

Para saber mais sobre demissão por justa causa, acesse:

<http://www.guiatrabalhista.com.br/tematicas/justacausa.htm>

COLOCANDO A MÃO NA MASSA!

Na sua opinião, por que um operário que se nega a utilizar os equipamentos de proteção recomendados pelos programas de prevenção aos acidentes de trabalho deve ser demitido por justa causa?

FIQUE LIGADO!

Até mesmo os visitantes são obrigados a usar os equipamentos de segurança individual dentro do canteiro de obras. Aliás, a entrada de pessoas no canteiro não é livre, e o fluxo de pessoas deve ser controlado justamente para **evitar acidentes**.

EQUIPAMENTOS DE PROTEÇÃO COLETIVA (EPCs)

Os equipamentos de proteção coletiva buscam **garantir a segurança do grupo de trabalhadores** como um todo. Eles podem ser aplicados a um canteiro completo, a uma parte dele ou utilizados quando os trabalhadores empregam alguns equipamentos da obra, como os transformadores e compressores.

Os EPCs mais comuns na construção civil são os extintores de incêndio, a sinalização de segurança, as fitas zebradas, as redes de contensão, o fechamento dos vãos, a proteção para máquinas e equipamentos, os andaimes, os elevadores de pessoas e materiais, o alarme sonoro, as lâmpadas de iluminação, os cabos de aço, as escadas, as rampas e as passarelas.

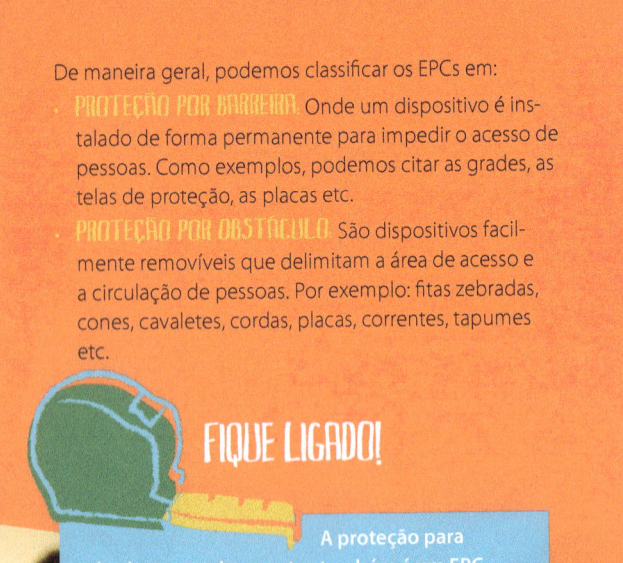

De maneira geral, podemos classificar os EPCs em:

- **PROTEÇÃO POR BARREIRA:** Onde um dispositivo é instalado de forma permanente para impedir o acesso de pessoas. Como exemplos, podemos citar as grades, as telas de proteção, as placas etc.
- **PROTEÇÃO POR OBSTÁCULO:** São dispositivos facilmente removíveis que delimitam a área de acesso e a circulação de pessoas. Por exemplo: fitas zebradas, cones, cavaletes, cordas, placas, correntes, tapumes etc.

FIQUE LIGADO!

A proteção para máquinas e equipamentos também é um EPC e deve ser feita de forma que todas as partes móveis de máquinas e equipamentos possuam **proteções** para **impedir o contato acidental de pessoas ou objetos.** Essas proteções não devem ser **retiradas** ou **modificadas.**

Dentro dos programas explicados anteriormente, estão todas as especificações dos equipamentos individuais e coletivos a serem utilizados por cada operário, de acordo com sua função. Por isso, o MESTRE DE OBRAS precisa conhecer muito bem o PCMAT, o PPRA e o PCMSO, cobrando o uso dos equipamentos por parte dos funcionários.

A PRÁTICA DA CONSTRUÇÃO

Digamos que o mestre de obras flagrou um de seus funcionários pulando a fita zebrada que delimitava uma área de perigo apenas para cortar caminho e chegar mais rápido ao seu destino.

Como o mestre de obras deve agir nessa situação? Justifique sua resposta.

Caso o mestre de obras faça "vista grossa" para a situação, quais poderão ser as consequências futuras? Por quê?

CHECKLIST

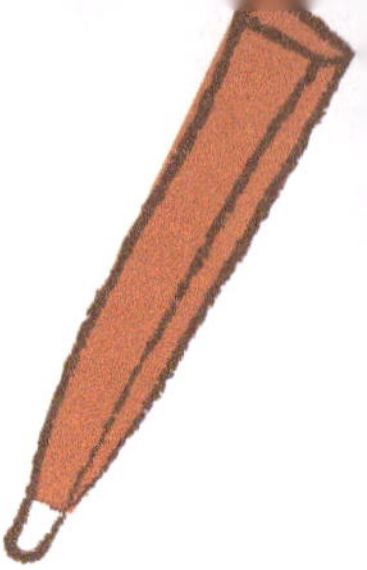

1. Quais são as atitudes pessoais que favorecem os acidentes de trabalho?
2. Qual é o objetivo do **PCMAT**?
3. Defina **equipamento de proteção individual**.
4. Como são classificados os **equipamentos de proteção coletiva**?
5. Complete as frases a seguir:

    a. A maioria dos acidentes de trabalho acontece devido a uma combinação de _____ e _____.

    b. Os riscos a que estão expostos os trabalhadores da construção civil são: _____, _____ e _____.

c. A _____ "será composta de representantes do empregador e dos empregados, devendo ter pelo menos um representante titular e um suplente, por grupo de até 50 em cada canteiro de obra ou frente de trabalho" (NR 18 – 18.31 a 18.38, 2012).

d. Nas obras que possuem menos de 50 funcionários, o programa de preservação da integridade física do trabalhador deverá ser o _____, que está embasado na Norma Regulamentadora nº 9.

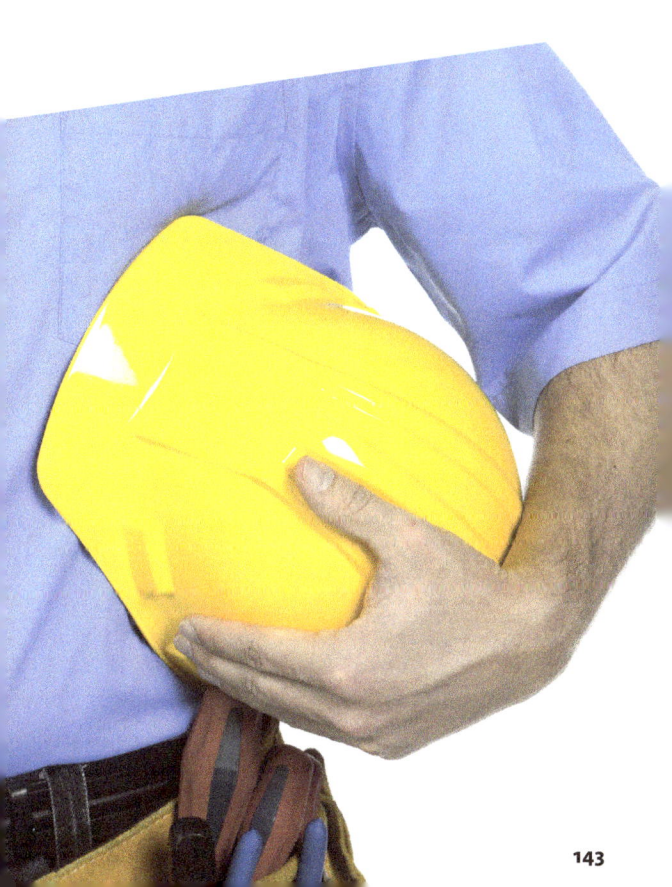

4
ORGANIZAÇÃO DO CANTEIRO DE OBRAS

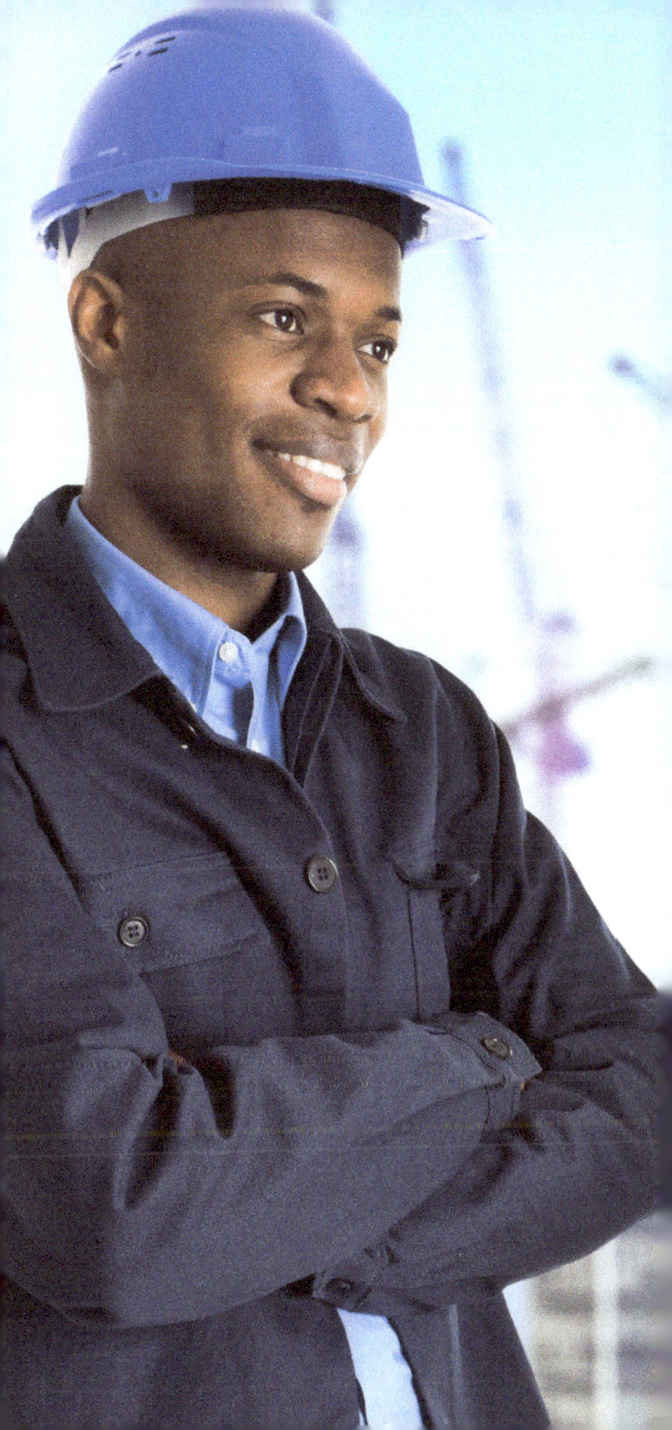

A definição de *canteiro de obras*, segundo a **NR 18**, é: "área de trabalho **fixa** e **temporária**, onde se desenvolvem operações de **apoio** e **execução** de uma obra" (NR18 – Condições e Meio Ambiente de Trabalho na Indústria da Construção (118.000-2), 2012, grifo nosso).

Na verdade, um canteiro de obras é muito mais que isso. É um lugar onde serão materializados os **sonhos** de pessoas (prédios residenciais e comerciais) e a **satisfação das necessidades** da comunidade (no caso de prédios públicos, estradas, viadutos, hospitais etc.).

Sendo assim, a **organização** do canteiro de obras, que inclui o planejamento e a organização dos materiais, dos equipamentos e dos profissionais, é um **importante instrumento** para se atingir o objetivo de entregar a obra no prazo, com a qualidade e o custo previstos.

A organização do canteiro afeta diretamente o **tempo dos serviços** e a **produtividade dos grupos de trabalho**, que são os aspectos que mais impactam no custo final da obra. Por isso, é importante que você, como MESTRE DE OBRAS, se preocupe em **diminuir ao máximo o deslocamento das instalações** durante a execução do projeto, evitando desperdício de material e de mão de obra.

Na maioria das vezes, existe um **projeto de implantação** do canteiro de obras, em que se define o tamanho, a forma e a localização das áreas de trabalho, bem como as vias de circulação de pessoas e materiais. A implantação do canteiro é acompanhada pelo MESTRE DE OBRAS. Por conhecer bem o projeto da edificação e os serviços que serão executados em cada etapa, esse profissional precisa estar atento ao processo de acomodação dos materiais, equipamentos, ferramentas e mão de obra, bem como à circulação de máquinas e caminhões.

Outro item que merece atenção especial por parte do **MESTRE DE OBRAS** é a observação das **determinações da NR 18** em relação às áreas de vivência dos funcionários. Banheiros, refeitórios, vestiários e enfermaria precisam estar presentes para facilitar o dia a dia dos operários, bem como para garantir-lhes condições humanas de trabalho durante a obra.

É importante ressaltar que o canteiro de obras vai se modificando ao longo da execução da obra, pois serviços diferentes são necessários em cada etapa. Por exemplo: durante a fase de **fundação**, muitas máquinas são utilizadas no terreno. Já na fase de acabamento, os serviços são mais limpos e minuciosos.

DISTRIBUIÇÃO DOS CENTROS DE ATIVIDADES

A primeira fase de implantação de um canteiro de obras é o **isolamento de seu perímetro** para evitar que pessoas não autorizadas tenham acesso a ele. Normalmente, esse isolamento é feito com **tapumes**.

Em segundo lugar, é preciso efetuar a **instalação** de água, esgoto, luz elétrica e telefone, de acordo com o projeto do canteiro. Além disso, é necessário observar onde estarão localizados os escritórios, os banheiros, os centros de atividades (carpintaria, armação, central de massa, serra circular, solda etc.) e o almoxarifado.

FIQUE LIGADO!

Em alguns lugares, como nos **centros urbanos**, a área do canteiro pode ser muito **pequena**. Devido a isso, o canteiro inicial terá **muitas deficiências** e oferecerá **pouco conforto** para os trabalhadores. Nessas situações, somente após a desforma de dois ou três pavimentos a administração terá condições de implantar um canteiro com condições satisfatórias.

Algumas obras são **grandes** e necessitam de **muitos trabalhadores**. Outras são **pequenas** e, mesmo nesses casos, a área interna do canteiro também pode ser reduzida. Devido aos diferentes tamanhos de obra em que o MESTRE DE OBRAS atua, é difícil dizer exatamente como distribuir os centros de atividade. O importante é seguir o projeto de implantação do canteiro com **bom senso** e utilizar o **conhecimento** adquirido em situações anteriores.

FIQUE LIGADO!

Em obras pesadas, que englobam a construção de barragens, estradas, usinas e viadutos, entre outros, as diferentes equipes de trabalho são compostas, muitas vezes, por **mais de 50 funcionários**. Existe, entre as equipes, uma tensão muito grande. Por isso, é preciso que os centros de atividade fiquem distantes uns dos outros. Os alojamentos são, inclusive, separados para evitar conflitos. Nesses casos, como a área de trabalho é extensa, a implantação do canteiro pode ser feita de maneira que o contato entre as equipes de trabalho seja **mínimo**.

Na construção civil, de uma forma geral, é muito incomum que haja **tensão** entre as equipes de trabalho. Por isso, os centros de atividade são compartilhados e os equipamentos de trabalho atendem a vários serviços.

Veja, a seguir, um modelo de desenho do canteiro de uma **pequena obra**. Esse *layout* é muito utilizado por empresas que possuem até 50 funcionários:

CANTEIRO DE OBRA DE PEQUENO PORTE

LEGENDA

a. Entrada
1. Área da construção
2. Via de circulação de equipamentos e materiais
3. Portaria
4. Banheiros
5. Escritório
6. Refeitório
7. Saúde e Segurança no Trabalho com Enfermaria
8. Almoxarifado e estoque
9. Carpintaria
10. Armação

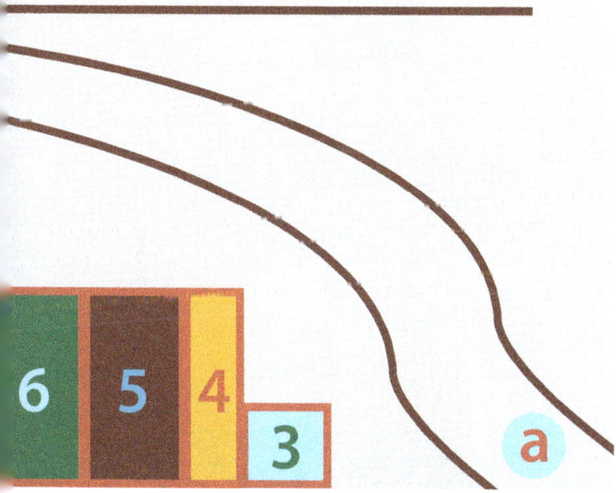

CANTEIRO DE OBRA DE GRANDE PORTE

Legenda
a. Entrada
1. Área da construção
2. Elevador de pessoas
3. Elevador de materiais
4. Portaria
5. Administração

6. Almoxarifado
7. Banheiro da administração
8. Estoque/Depósito de materiais
9. Betoneira
10. Cozinha
11. Refeitório
12. Vestiário
13. Alojamentos
14. Banheiro dos operários
15. Carpintaria
16. Armação

Na área da **carpintaria**, fica instalada a serra circular e os demais equipamentos e ferramentas que são utilizados para outras atividades. A **bancada de trabalho** com as diversas ferramentas é supervisionada pelo encarregado do setor.

O mesmo acontece no setor da **armação**: equipamentos como solda, serra policorte, entre outros, são instalados para serem usados em todas as atividades, havendo, também, um encarregado responsável pela bancada de trabalho.

As ferragens armadas e as formas para concreto ficam "armazenadas" no espaço da área de construção ou em frente aos setores, devido aos seus tamanhos (as barras de ferro possuem, no mínimo, 12 metros de comprimento).

Mesmo para as obras que utilizam vigas, colunas, pilares e outras estruturas pré-moldadas são necessários **armadores** e **carpinteiros** para fazerem a junção das peças prontas.

Em algumas obras com **mais de 50 funcionários**, as empreiteiras preferem alojar os funcionários que não moram na região em casas alugadas fora do canteiro, conseguindo, com isso, utilizar o espaço interno de maneira mais funcional.

GESTÃO DE RESÍDUOS

Atualmente, o **lixo** é um dos maiores problemas mundiais, pois o impacto ambiental que ele causa é grande. Dessa forma, administrar o alto número de resíduos produzidos pelas atividades humanas não é uma tarefa simples.

Com a construção civil, não é diferente. A quantidade de resíduos gerados nas obras é grande, e eliminá-los com consciência ambiental é um problema maior ainda. Estima-se que a construção civil gere resíduos da ordem de **450 kg/habitante/ano**. Esse valor varia de cidade para cidade e também de acordo com o desenvolvimento regional do setor.

Para regulamentar o descarte de tanto lixo gerado pela construção civil, o Conselho Nacional do Meio Ambiente (Conama) baixou a Resolução nº 307/2002, que estabelece diretrizes, critérios e procedimentos para a gestão dos resíduos.

Segundo a Resolução 307 do Conama, os resíduos da construção civil

> são os provenientes de construções, reformas, reparos e demolições de obras de construção civil, e os resultantes da preparação e da escavação de terrenos, tais como: tijolos, blocos cerâmicos, concreto em geral, solos, rochas, metais, resinas, colas, tintas, madeiras e compensados, forros, argamassa, gesso, telhas, pavimento asfáltico, vidros, plásticos, tubulações, fiação elétrica etc., comumente chamados de entulhos de obras, caliça ou metralha. (Brasil, 2002)

Segundo a mesma legislação, os resíduos são classificados da seguinte maneira:

1. **Classe A** – São os resíduos reutilizáveis ou recicláveis como agregados, tais como:
    a. de construção, demolição, reformas e reparos de pavimentação e de outras obras de infraestrutura, inclusive solos provenientes de terraplanagem;
    b. de construção, demolição, reformas e reparos de edificações: componentes cerâmicos (tijolos, blocos, telhas, placas de revestimento etc.), argamassa e concreto;
    c. de processo de fabricação e/ou demolição de peças pré-moldadas em concreto (blocos, tubos, meios-fios etc.) produzidas nos canteiros de obras.

2. **Classe B** – são os resíduos recicláveis para outras destinações, tais como: plásticos, papel/papelão, metais, vidros, madeiras e outros;

3. **Classe C** – são os resíduos para os quais não foram desenvolvidas tecnologias ou aplicações economicamente viáveis que permitam a sua reciclagem/recuperação, tais como os produtos oriundos do gesso;

4. **Classe D** – são os resíduos perigosos oriundos do processo de construção, tais como: tintas, solventes, óleos e outros, ou aqueles contaminados oriundos de demolições, reformas e reparos de clínicas radiológicas, instalações industriais e outros. (Brasil, 2002)

Perceba que, segundo a classificação dos resíduos do Conama, grande parte do que é jogado fora pode ser **reciclado** ou **reutilizado**. Os demais resíduos precisam ser **reduzidos**.

Antes de continuarmos falando especificamente dos **resíduos da construção civil**, vamos entender o que são esses três famosos **R's**, que são muito comentados atualmente e mencionados pelas instituições de defesa ao meio ambiente:

REDUZIR: É possível reduzir a quantidade de lixo gerado quando pensamos antes de consumir ou de executar determinado serviço. Precisamos racionalizar o uso de materiais e produtos no dia a dia. Por exemplo: é melhor utilizar **meio tijolo** do que tentar cortá-lo, pois o corte nem sempre dá certo. Isso acaba gerando lixo e desperdício de material.

REUTILIZAR: Antes de descartar um material ou produto, precisamos pensar em diferentes formas de utilizá-lo novamente, em sua função original ou não. Um exemplo disso são as formas de concreto, que devem ser feitas de maneira que possam ser desmontadas e utilizadas novamente. Até mesmo as travessas, travessões e cantoneiras podem ser reutilizados. No caso de quebra das faces das formas de concreto, é possível reutilizar o material para fazer chapuzes, talas, cunhas etc.

RECICLAR: Quando produtos ou embalagens são descartados por pessoas ou outras atividades, indústrias especializadas reaproveitam a matéria-prima para a fabricação de novos bens. Dizemos, então, que houve reciclagem. Por exemplo: as latas de tinta, os vernizes e os restos de ferro de uma construção servem como matéria-prima para a fabricação de novos produtos.

Adotando os **3 Rs**, é possível **diminuir os custos** da obra, a **contaminação** do meio ambiente, a **utilização de recursos naturais** e, principalmente, garantir que as próximas gerações vivam em um planeta mais saudável e sustentável.

RECICLAGEM DE RESÍDUOS

Atualmente, existem empresas especializadas na **reciclagem dos resíduos da construção civil**. São estações que transformam os seguintes produtos:

- os resíduos de peças fabricadas com concreto, argamassa, fibrocimento e pedras ornamentais em **argamassa** e **concreto não estruturais**, **peças para calçamento**, **blocos de vedação**, **guias para meio-fio** etc.
- os resíduos cerâmicos em **base de pavimentação** de vias públicas, em **drenos**, **camadas drenantes** e **material de enchimento** (tijolo).

A COMPOSIÇÃO DOS RESÍDUOS

Embora não existam estatísticas nacionais, os especialistas da área da construção civil afirmam que os resíduos são compostos basicamente por:

- **60%** de argamassa;
- **30%** de componentes de vedação (tijolos e blocos);
- **10%** de outros materiais (concreto, pedra, areia, madeira, canos etc.).

Agora que você já conhece a classificação e a composição dos resíduos da construção civil, vamos pensar em como fazer a **correta gestão** desses materiais. Vale lembrar que a **Resolução 307** determina que as empresas da construção civil devem "ter como objetivo prioritário a não geração de resíduos e, secundariamente, a redução, a reutilização, a reciclagem e a destinação final" (Brasil, 2002).

A GESTÃO DOS RESÍDUOS PASSO A PASSO

1. Faça um planejamento de como serão **separados** e **acondicionados** os resíduos, de acordo com as classes definidas na Resolução do Conama.

2. Envolva todos os operários nessa atividade. Fixe cartazes, explique a importância da separação dos materiais e disponibilize diferentes recipientes para cada classe de resíduo. Não esqueça que cada etapa da obra gera resíduos diferentes!

3. Analise como os resíduos podem ser **reaproveitados na própria obra**. Por exemplo: os de classe A, depois de moídos, podem servir como base para calçadas e vias de acesso.

4. Encaminhe os resíduos das classes B e D para a **reciclagem**, evitando que sejam descartados nos aterros sem que a matéria-prima que os compõe seja reaproveitada. Os resíduos de classe C deverão ser encaminhados para as áreas legalizadas de descarte.

PRINCIPAIS RESÍDUOS GERADOS PELAS DIFERENTES ETAPAS DE UMA OBRA

Etapa da obra	Resíduos
Demolição	Concreto, vidros, material de enchimento e aço.
Escavação	Solo, rocha, resíduos de concreto, árvores e demais componentes de cobertura vegetal.
Fundação	Sobra de concreto, aço proveniente do corte das barras, embalagens de cimento e madeiras.
Alvenaria	Tijolos, argamassa, embalagens de cal, cimento e argamassa pronta.
Acabamentos	Argamassa, telhas, tubos de cobre e PVC, alumínio de perfis e esquadrias, gesso, sacos de embalagens diversas, latas de tinta e solventes, tubos de silicone, cerâmicas, vidros, espuma expansiva, retalhos de madeira e fios elétricos.

A madeira utilizada na obra pode ser reaproveitada no próprio canteiro. No final da construção, os resíduos de madeira devem ser reciclados, servindo de matéria-prima para a fabricação de novos produtos. Outro destino para a madeira é a geração de energia em caldeiras e fornos industriais.

Os resíduos gerados durante a alimentação e a higiene pessoal dos funcionários devem ser descartados com a coleta de lixo normal da cidade. Esse lixo é **orgânico**, e as concessionárias de limpeza pública realizam a coleta, o transporte e a destinação correta do material.

FIQUE LIGADO!

É preciso tomar muito cuidado com as **caçambas de entulho**, que servem apenas para guardar resíduos da classe A. Estudos mostram que mais de 30% do material acondicionado nesses recipientes provêm de resíduos das classes B e D. Diante disso, devemos levar em consideração o fato de uma caçamba ter capacidade de acondicionar **6 m^3 de material**. Isso significa que mais de **2 m^3** são de resíduos que devem ir para outras empresas de reciclagem.

A correta gestão dos resíduos da construção civil também é regulamentada pelas seguintes normas da Associação de Normas Técnicas:

NBRS SOBRE GESTÃO DE RESÍDUOS PARA A CONSTRUÇÃO CIVIL

NBR 10004	Diz respeito a resíduos sólidos da construção civil. Engloba diretrizes para projeto, implantação e operação.
NBR 15112	Refere-se a resíduos da construção civil e a resíduos volumosos (áreas de transbordo e triagem). Estabelece diretrizes para projeto, implantação e operação.
NBR 15113	Engloba resíduos sólidos da construção civil e resíduos inertes (aterros). Determina diretrizes para projeto, implantação e operação.
NBR 15114	Diz respeito a resíduos sólidos da construção civil (áreas de reciclagem). Engloba diretrizes para projeto, implantação e operação.
NBR 15115	Refere-se a agregados reciclados de resíduos sólidos da construção civil (execução de camadas de pavimentação e procedimentos).
NBR 15116	Engloba agregados reciclados de resíduos sólidos da construção civil (utilização em pavimentação e preparo de concreto sem função estrutural; requisitos).

Fonte: Elaboração própria.

Por meio da leitura dessas NBRs, você poderá ter ideias diferentes para **reaproveitar**, **reutilizar** e **reciclar** os resíduos do canteiro de obras onde trabalha!

COLOCANDO A MÃO NA MASSA!

1. Com certeza, você é uma pessoa criativa e inovadora! Pense em como os seguintes resíduos da construção civil podem ser reaproveitados na própria obra:

   a. Pedaços de concreto:

   b. Pedra:

   c. Areia:

   d. Sobras de argamassa:

   e. Cacos de cerâmica:

   f. Madeira:

Todos esses resíduos podem ser utilizados juntos para um mesmo fim? Se sim, qual seria esse fim?

EVITANDO O DESPERDÍCIO

Depois de conhecer os diferentes tipos de resíduos da construção civil, saiba que as estatísticas do setor apontam que cerca de **30%** do valor final de uma obra é jogado fora, ou seja, é **desperdiçado** durante as etapas da construção.

Muitos são os motivos de tanto desperdício. Entre eles, podemos citar a falta de treinamento dos trabalhadores, métodos ultrapassados de trabalho, erros de projeto, problemas de saúde e de segurança no trabalho e falhas na estocagem do material de construção.

Como o MESTRE DE OBRAS tem experiência, ele pode ajudar a **minimizar** esses desperdícios, apontando as supostas falhas quando percebê-las. Outro ponto que merece atenção especial é a **argamassa**. Como vimos anteriormente, **60%** dos resíduos da construção civil são compostos por argamassa desperdiçada. Sabendo disso, o MESTRE DE OBRAS pode treinar a equipe de pedreiros para que estes utilizem o recurso da forma mais **sustentável** possível.

Outros dados preocupantes envolvem o fato de que **30%** dos tijolos e demais elementos de vedação transformam-se em entulho, e **50%** do tempo total dos serventes é **desperdiçado**.

Com relação ao desperdício de mão de obra, cabe ao MESTRE DE OBRAS verificar quem "faz corpo mole" para o trabalho. **Medidas punitivas** costumam ser menos eficientes do que **treinamento** e **aperfeiçoamento de mão de obra**. No caso de um servente que diz não ter atividades em determinado momento, é interessante sugerir que ele aprenda a realizar outros serviços, conseguindo, com isso, **melhorar seus conhecimentos** e **subir de cargo** no futuro.

Já o **desperdício de material** pode ser minimizado com um bom *layout* de canteiro, treinamento de mão de obra, fiscalização constante, reciclagem, reaproveitamento e reutilização dos resíduos.

FIQUE LIGADO!

Certa ocasião, um mestre de obras ouviu de seus liderados que economizar materiais era bobagem, pois o dono da construtora era rico. Esse mesmo mestre de obras, que possuía vários anos de experiência, respondeu aos funcionários que o desperdício de materiais era o principal responsável pelo fato de toda a equipe de trabalho não receber um aumento de salário.

A PRÁTICA DA CONSTRUÇÃO

Imagine que você é um mestre de obras que acabou de ouvir dos operários o mesmo que foi relatado no caso anterior, ou seja, que minimizar o desperdício de materiais é bobagem. Que outros argumentos você usaria para defender um consumo responsável de matérias-primas?

CONSTRUINDO O CONHECIMENTO

Os vídeos a seguir mostram uma **máquina portátil de reciclagem de resíduos**, que pode ser utilizada dentro do canteiro de obras:

<http://www.youtube.com/watch?v=52ZPTwIYyQ8&feature=related>

<http://www.youtube.com/watch?v=jzWaePM0vVQ&NR=1&feature=endscreen>

NOVOS MATERIAIS DE CONSTRUÇÃO

Para evitar o desperdício e a geração de resíduos, muitos laboratórios têm desenvolvido **novos materiais** para a construção civil. Atualmente, é possível utilizar **cola para tijolo** em vez de argamassa e **revestimentos cerâmicos** que imitam pedras naturais para o acabamento. Além disso, o **gesso de alta resistência mecânica** consegue substituir o cimento em alguns casos, e **rodapés** já vêm com **fiação elétrica** embutida. Não esqueçamos que já existem **calhas de PVC** e que paredes internas podem ser feitas de *drywall* (gesso cartonado). Para os encanamentos, existem **tubos flexíveis** que facilitam a instalação e os reparos.

A lista de inovações não para por aí. Basta andar por uma loja de materiais de construção ou efetuar pesquisas na internet para ver a quantidade de novidades para o setor. Vale mencionar que, além de produtos, é possível verificar que também estão sendo implantadas **novas técnicas de construção**!

Muitas dessas técnicas e dos materiais citados não têm sido amplamente utilizados porque os profissionais que atuam no setor **resistem a mudanças**. Por isso, quando alguém chegar até você falando de uma nova técnica ou material, saiba que muito se investiu, em termos de tempo e dinheiro, para que tal novidade chegasse até você!

FIQUE LIGADO!

Procure sempre se atualizar e estudar as novidades para a área da construção civil. Além disso, sugerir novas ideias, que diminuam os **custos e prazos da obra**, bem como o desperdício de materiais, é bastante importante!

CONSTRUINDO O CONHECIMENTO

Para saber as novidades da construção civil, acesse o *link* a seguir e dê uma olhada no anuário Pini de 2011:

<http://www.pini.digitalpages.com.br/home.aspx>

Você conhece a máquina que faz reboco de parede? Acesse o *link* e veja como ela funciona:

<http://www.youtube.com/watch?v=ka_10KtRDt4>

E a máquina que assenta tijolos? *Link* disponível em:

<http://www.youtube.com/watch?v=nM-KuXcR9tA>

Uma máquina para amarrar ferragens pode ser vista numa reportagem do Jornal Nacional:

<http://www.youtube.com/watch?v=o69WzWVZS1o&NR=1&feature=endscreen>

Confira uma reportagem do Bom Dia Paraná sobre as novas tecnologias da construção civil:

<http://www.youtube.com/watch?v=ELWSQVNUJME&feature=related>

CHECKLIST

1. Quais as principais determinações do projeto de implantação de um canteiro de obras?
2. O *layout* do canteiro de obras se mantém constante durante todo o período da obra? Justifique sua resposta.
3. Como são classificados os resíduos da construção civil, segundo a Resolução 307/2002 do Conama?
4. Do que são compostos os resíduos da construção civil?
5. Qual a melhor maneira de se evitar desperdícios na construção civil?

FINALIZANDO A CONSTRUÇÃO

Depois de tudo o que vimos até aqui sobre a função do **MESTRE DE OBRAS**, podemos afirmar que essa é uma tarefa árdua, porém muito **importante**. O **MESTRE DE OBRAS** é o profissional que **conhece a fundo** todos os **processos da construção civil**, devendo ter grande **capacidade de liderança**.

Quando o **MESTRE DE OBRAS** consegue o comprometimento das equipes de trabalho por meio de seu desempenho como **líder**, todos trabalham **melhor** e em **segurança**, o que garante um resultado final excelente!

Outro aspecto importante na atuação desse profissional é **evitar o desperdício** de materiais no canteiro. O cuidado com o meio ambiente e a preservação dos recursos naturais são os **diferenciais** das empresas que irão sobreviver no competitivo mercado da construção civil. Além disso, elas servirão de exemplo para as futuras gerações!

Não esqueça: atuar na construção civil significa **ajudar** outras pessoas a realizarem seus sonhos e desejos, seja por meio da construção de residências, seja pela realização de projetos comerciais.

REFERÊNCIAS

25-07-11: dia nacional de acidentes de trabalho – jornal da Globo News. Disponível em: <http://www.youtube.com/watch?v=O3P_DvHoMnc&feature=related>. Acesso em: 2 maio 2012.

APRESENTAÇÃO máquina amarra arame. Disponível em: <http://www.youtube.com/watch?v=069WzWVZS10&NR=1&feature=endscreen>. Acesso em: 2 maio 2012.

ARQUITETANDO. **Lista de normas**. Disponível em: <http://www.arquitetando.xpg.com.br/lista%20de%20normas.htm>. Acesso em: 30 abr. 2012.

BLOG DO HUGO. **Sistema de comunicação**. 27 set. 2009. Disponível em: <http://mourahugoblog.blogspot.com/2009/09/sistema-de-comunicacao.html>. Acesso em: 30 abr. 2012.

BORGES, A. C. **Prática das pequenas construções**. 6. ed. São Paulo: E. Blucher, 1992.

BRASIL. Lei n. 8.213, de 24 de julho de 1991. **Diário Oficial da União**, Poder Legislativo, Brasília, 25 jul. 1991. Disponível em: <http://www6.senado.gov.br/legislacao/ListaTextoIntegral.action?id=75662&norma=102425&anexos=>. Acesso em: 30 abr. 2012.

BRASIL. Ministério do Meio Ambiente. Conselho Nacional do Meio Ambiente. Resolução Conama n. 307, de 5 de julho de 2002. **Diário Oficial da União**, Poder Legislativo, Brasília, 17 jul. 2002. Disponível em: <http://www.mma.gov.br/port/conama/res/res02/res30702.html>. Acesso em: 30 abr. 2012.

BRASIL. Ministério do Trabalho e do Emprego. **Normas regulamentadoras**. Disponível em: <http://portal.mte.gov.br/legislacao/normas-regulamentadoras-1.htm>. Acesso em: 30 abr. 2012.

CADAMURO, J. S. **O auxiliar administrativo no escritório**. Curitiba: Ibpex, 2011.

CAMARGO, A. Minas de entulho. **Téchne**, São Paulo, n. 15, mar./abr. 1995.

CHIAVENATO, I. **Introdução à teoria geral da administração**: uma visão abrangente da moderna administração das organizações. 7 ed. rev. e atual. Rio de Janeiro: Elsevier, 2003.

COMO fazer amigos e influenciar pessoas (Dale Carnegie): illustrações – a origem (Inception)... Disponível em: <http://www.youtube.com/watch?v=TScs-_rC-IY>. Acesso em: 2 maio 2012.

COMUNICAÇÃO interna: liderança – fuga das galinhas. Disponível em: <http://www.youtube.com/watch?v=gregu-nJXhM&feature=related>. Acesso em: 2 maio 2012.

CONFLITO. Disponível em: <http://www.youtube.com/watch?v=GLRv2qHosHM&feature=related>. Acesso em: 2 maio 2012.

CONSTRUÇÃO civil: máquina rebocadora de parede – Construction: Machine Plastering Wall. Disponível em: <http://www.youtube.com/watch?v=ka_10KtRDt4>. Acesso em: 2 maio 2012.

DASOL – Departamento Nacional de Aquecimento Solar. **Segurança e prevenção de acidentes de trabalho**: atividades realizadas em altura na instalação de sistemas de aquecimento solar. Maio 2011. Disponível em: <http://www.dasolabrava.org.br/wp-content/uploads/2011/05/Seguran%C3%A7a-do-trabalho-em-alturas-para-instala%C3%A7%C3%A3o-de-SAS_Final-jun2011.pdf>. Acesso em: 2 maio 2012.

E-CIVIL. **Normas técnicas**. Disponível em: <http://www.ecivilnet.com/apostilas/normas_tecnicas_engenharia.htm>. Acesso em: 30 abr. 2012.

EPI para proteção contra quedas com diferença de nível. Disponível em: <http://www.fiocruz.br/biosseguranca/Bis/lab_virtual/epiprotecaoquedas.html>. Acesso em: 2 maio. 2012.

ERA do gelo 2: liderança e trabalho em equipe. Disponível em: <http://www.youtube.com/watch?v=933gbmh7tol&feature=related>. Acesso em: 2 maio 2012.

ESCOLA DE GERENTES. **Liderança gerencial**: teoria de Maslow – a hierarquia das necessidades. Disponível em: <http://liderancagerencial.blogspot.com/2010/04/teoria-de-maslow-hierarquia-das.html>. Acesso em: 21 jun. 2012.

EXPODIRETO. **Informações ao expositor**. Disponível em: <http://expodireto.cotrijal.com.br/index.php?id_menu=informacoes_expositor&title=Procedimentos+de+Seguran%E7a+para+Montagem%2F+Desmontagem&id=4>. Acesso em: 2 maio 2012.

FOLHA ONLINE. Conheça os 10 tipos de inteligência e veja qual delas você desenvolve melhor. **Publifolha**, 8 dez. 2006. Disponível em: <http://www1.folha.uol.com.br/folha/publifolha/ult10037u351904.shtml>. Acesso em: 30 abr. 2012.

GARDNER, H. **Inteligências múltiplas**: a teoria na prática. Porto Alegre: Artes Médicas, 1995.

GUIA TRABALHISTA. **Norma regulamentadora 6 – NR-6**: equipamento de proteção individual – EPI. Disponível em: <http://www.guiatrabalhista.com.br/legislacao/nr/nr6.htm>. Acesso em: 30 abr. 2012.

HELLER, R. **Como gerenciar equipes**. São Paulo: Publifolha, 1998. (Série Sucesso Profissional: Seu Guia de Estratégia Pessoal).

HISTÓRIA da comunicação através dos tempos. Disponível em: <http://www.youtube.com/watch?v=EiecDnMBPJc>. Acesso em: 2 maio 2012.

HOUAISS, A.; VILLAR, M. de F.; FRANCO, F. M. de M. **Minidicionário Houaiss da língua portuguesa**. 3. ed. rev. e ampl. Rio de Janeiro: Instituto Antônio Houaiss; Objetiva, 2008.

INTELIGÊNCIAS múltiplas. Disponível em: <http://www.youtube.com/watch?v=39kwglOKThU&feature=related>. Acesso em: 2 maio 2012.

JUSBRASIL. **Exercício ilegal da profissão de engenheiro**. Disponível em: <http://www.jusbrasil.com.br/topicos/899560/exercicio-ilegal-da-profissao-de-engenheiro>. Acesso em: 23 mar. 2012.

LIDERANÇA. Disponível em: <http://www.youtube.com/watch?v=2GbloUprP_Y>. Acesso em: 2 maio 2012.

LIDERANÇA e motivação: Ayrton Senna. Disponível em: <http://www.youtube.com/watch?v=OsHg7mCoOck>. Acesso em: 2 maio 2012.

LIDERANÇA GERENCIAL. Teoria de Maslow: a hierarquia das necessidades. **Escola de Gerentes**. Disponível em: <http://liderancagerencial.blogspot.com/2010/04/teoria-de-maslow-hierarquia-das.html>. Acesso em: 30 abr. 2012.

LIMA JÚNIOR, J. M. Programa de condições e meio ambiente do trabalho na indústria da construção/PCMAT: concepção e gerenciamento. **Jornada Internacional de Segurança e Saúde na Indústria da Construção**, São Luis-MA, set. 2003. Disponível em: <http://www.mte.gov.br/dados_estatisticos/segsau_industria_construcao/2_REGIAO_NORDESTE/3_PALESTRAS/PROGRAMA%20DE%20CONDI%C3%87OES%20E%20MEIO%20AMBIENTE.pdf>. Acesso em: 2 maio 2012.

MÁQUINA de assentar tijolos ou blocos. Disponível em: <www.youtube.com/watch?v=nM-KuXcR9tA>. Acesso em: 2 maio 2012.

MASLOW, A. H. Uma teoria da motivação humana. In: BALCÃO, Y. F.; CORDEIRO L. L. **O comportamento humano na empresa**: uma antologia. 2. ed. Rio de janeiro: FGV, 1971.

MISLEH, S. Exercício ilegal da profissão pode dar prisão. **Engenheiro**, Brasília, ed. 50, jul. 2006. Disponível em: <http://www.fne.org.br/fne/index.php/fne/jornal/edicao_50_jul_06/exercicio_ilegal_da_profissao_pode_dar_prisao>. Acesso em: 23 mar. 2012.

NORMAS REGULAMENTADORAS DE SEGURANÇA E SAÚDE DO TRABALHADOR. **NR5**: comissão interna de prevenção de acidentes. Disponível em: <http://www.ifi.unicamp.br/~jalfredo/nr05.htm>. Acesso em: 21 jun. 2012.

NOVAS tecnologias na construção civil. Disponível em: <http://www.youtube.com/watch?v=ELWSQVNUJME&feature=related>. Acesso em: 2 maio 2012.

NR18 – 18.31 a 18.38. Disponível em: <http://nr7sat.sites.uol.com.br/nr18d.htm>. Acesso em: 2 maio 2012.

NR-18: condições e meio ambiente de trabalho na indústria da construção. Disponível em: <http://portal.mte.gov.br/data/files/FF8080812BE914E6012BF2B7643D7000/nr_18_33.pdf>. Acesso em: 30 abr. 2012.

NR-18: condições e meio ambiente de trabalho na indústria da construção (118.000-2). Disponível em: <http://www010.dataprev.gov.br/sislex/paginas/05/mtb/18.htm>. Acesso em: 30 abr. 2012.

OLIVEIRA, A. M. S.; BRITO, S. N. A. **Geologia de engenharia**. São Paulo: ABGE/CNPq/Fapesp, 2002.

OLIVEIRA, A. S. A Cipa na construção civil: vídeo explicativo. **Tem Segurança**, 2 nov. 2011. Disponível em: <http://www.temseguranca.com/2011/09/cipa-na-construcao-civil-video.html>. Acesso em: 30 abr. 2012.

OS 10 mandamentos do líder. Disponível em: <http://www.youtube.com/watch?v=L_HQO4iSjVA&feature=related>. Acesso em: 2 maio 2012.

PALMER, H. **O eneagrama**: compreendendo-se a si mesmo e aos outros em sua vida. São Paulo: Paulinas, 1993.

PREISLER, A. M.; BORBA, J. A.; BATTIROLA, J. C. Os tipos de personalidade humana e o trabalho em equipe. **Ciências da Análise Comportamental**, 15 nov. 2010. Disponível em: <http://analisecomportament.forumeiros.com/t46-os-tipos-de-personalidade-humana-e-o-trabalho-em-equipe>. Acesso em: 30 abr. 2012.

PINI. **Anuário Pini construção 2011**. Disponível em: <http://pini.digitalpages.com.br/home.aspx>. Acesso em: 30 abr. 2012.

PROFISSÕES de A a Z. **Mestre de obras**. Disponível em: <http://www.jornalvivabrasil.com.br/profissoes/index.php?option=com_content&view=article&id=193:mestre-de-obras&catid=12:m&Itemid=19>. Acesso em: 23 mar. 2012.

PUSTILNICK, R. **Administração do estresse = qualidade de vida**: dicas para uma vida saudável e produtiva. Curitiba: Ibpex, 2010.

RECICLADOR de entulho da construção civil: queixada Disponível em: <http://www.youtube.com/watch?v=52ZPTwIYyQ8&feature=related>. Acesso em: 2 maio 2012.

RECICLAGEM de entulho da construção civil. Disponível em: <http://www.youtube.com/watch?v=jzWaePMovVQ&NR=1&feature=endscreen>. Acesso em: 2 maio 2012.

ROUSSELET, E. S. **Manual de procedimentos para implantação e funcionamento de canteiro de obras na indústria e na construção**. Rio de Janeiro: Sobes, [s.d]. Disponível em: <http://pt.scribd.com/doc/41475672/Manual-de-procedimentos-para-a-implantacao-e-funcionamento-de-canteiro-de-obra>. Acesso em: 2 maio 2012.

SAURIN, T. A., LANTELME, E. M. V.; FORMOSO, C. T. **Contribuições para revisão da NR 18**: condições e meio ambiente de trabalho na indústria da construção civil. Porto Alegre, 2000. 140 f. Relatório de Pesquisa. (Especialização em Engenharia Civil e Programa de Especialização em Engenharia de Produção) – Universidade Federal do Rio Grande do Sul.

SAINT-EXUPÉRY, A. de. **O pequeno príncipe**: com aquarelas do autor. 48. ed. Rio de Janeiro: Agir, 2004.

SECONCI – Serviço Social do Sindicato da Indústria da Construção Civil no Estado do Paraná. **A Cipa na construção civil**. 14 ago. 2008. Disponível em: <http://www.seconci-pr.com.br/seconcipr/?p=50>. Acesso em: 30 abr. 2012.

SETRAB – Segurança e Medicina do Trabalho. **O que é PCMAT?** Disponível em: <http://setrab.com.br/2011/04/o-que-e-pcmat/>. Acesso em: 30 abr. 2012.

SUPOSIÇÕES SOBRE AS PESSOAS. Disponível em: <http://www.sato.adm.br/rh/ex_analise_pessoal_de_estilos_lideranca.htm>. Acesso em: 30 abr. 2012.

VIEIRA, S. I. **Medicina básica do trabalho**. Curitiba: Gênesis, 1994a.

_____. _____. Curitiba: Gênesis, 1994b.

ZANLUCA, J. C. Rescisão de contrato de trabalho por justa causa do empregado. **Guia Trabalhista**. Disponível em: <http://www.guiatrabalhista.com.br/tematicas/justa-causa.htm>. Acesso em: 30 abr. 2012

GABARITO

CAPÍTULO 1

Checklist

1. Planejar, organizar, controlar e dirigir.
2. A frase remete ao fato de que o líder tem a capacidade de encorajar seus liderados para que deem o melhor de si durante suas atividades diárias.
3. As duas formas de comunicação são:
   a. **Comunicação verbal oral**: É a que acontece por meio da língua falada, ou seja, da linguagem oral.
   b. **Comunicação não verbal**: Ocorre mediante expressões corporais, como o olhar, o tom de voz, gestos das mãos etc.
4. O comportamento situacional do líder em relação a liderados de baixa maturidade consiste em dirigir ou determinar. Esse estilo envolve a definição da função e a especificação do que determinada pessoa deve fazer, além de como, quando e onde a tarefa precisa ser executada.
5.

Tipos de personalidade ou inteligência	Descrição
O bem-sucedido	Pessoas extremamente dedicadas ao trabalho e que sempre se destacam no que fazem, pois não medem esforços para atingir seus objetivos.
Inteligência musical	Habilidade para organizar os sons de maneira criativa, expressando-se por meio da música.
O patrão	Refere-se a pessoas superprotetoras e controladoras, que estão sempre prontas para defender os amigos e parceiros.
Inteligência interpessoal	Habilidade para compreender as pessoas, relacionando-se e respondendo adequadamente ao humor e ao temperamento dos outros.

Inteligência intrapessoal	Habilidade que indivíduos têm de manter a própria autoestima elevada, de modo que os sentimentos e as emoções trabalhem a seu favor.
O perfeccionista	Pessoas com grande grau de exigência para consigo mesmas e para com os outros, não tolerando o erro.
O sonhador	Profissionais com grande motivação e energia, mas que não costumam concluir seus projetos, pois têm dificuldade de assumir responsabilidades e compromissos.

CAPÍTULO 2

Checklist

1. O **problema** envolve situações de dificuldade que podem ser resolvidas por meio da aplicação de regras já existentes. **Dilema** é uma situação em que a solução só pode ser alcançada mediante uma inovação na abordagem. Por fim, o **conflito** ocorre quando um indivíduo ou grupo se defronta com um problema cuja resolução só pode ser alcançada por meio da seguinte "regra": a partir do momento em que uma das decisões é acatada, a outra é automaticamente invalidada.

2. São elas a necessidade de autonomia, a competição por recursos, divergências nos objetivos e a duplicidade nas responsabilidades.

3. F, F, V, V.

4. Evitar, adiar e confrontar. Vale ressaltar que a última pode acontecer por meio do uso da força ou da negociação.

5. Centrar a atenção nas ideias e não nas pessoas, saber dialogar e ouvir as partes envolvidas e não deixar que emoções fortes dominem a situação.

CAPÍTULO 3

Colocando a mão na massa!

a. Condição insegura.

b. Ato inseguro com atitude pessoal de autoexclusão.

c. Combinação de condição e ato inseguro (atitude pessoal de improviso).

Checklist

1. Pressa, improviso, suposição e autoexclusão.
2. O objetivo do PCMAT é preservar a saúde e a integridade física dos profissionais que trabalharão no canteiro da obra, independentemente de eles serem funcionários com carteira assinada ou prestadores de serviços autônomos.
3. O Equipamento de Proteção Individual é todo dispositivo destinado a proteger a integridade física do empregado, eliminando ou neutralizando os riscos de acidentes gerados por agentes físicos, químicos e biológicos presentes no ambiente de trabalho.
4. São classificados em **proteção por barreira** e **proteção por obstáculo**.
5.
    a. A maioria dos acidentes de trabalho acontece devido a uma combinação de **atos inseguros** e **condições inseguras**.
    b. Os riscos a que estão expostos os trabalhadores da construção civil são **químicos**, **físicos** e **biológicos**.
    c. A **Cipa centralizada** será composta de representantes do empregador e dos empregados, devendo ter, pelo menos, um representante titular e um suplente por grupo de até 50 empregados em cada canteiro de obra ou frente de trabalho.
    d. Nas obras com menos de 50 funcionários, o programa de preservação da integridade física do trabalhador deverá ser o **Programa de Prevenção de Riscos Ambientais (PPRA)**, que está embasado na Norma Regulamentadora nº 9.

CAPÍTULO 4
Checklist

1. No projeto de implantação do canteiro de obras, são definidos o tamanho, a forma e a localização das áreas de trabalho, bem como as vias de circulação de pessoas e materiais.

2. Não. O canteiro se modifica ao longo da execução da obra, pois serviços diferentes são efetuados nas variadas etapas da construção.

3. Em classe A – resíduos reutilizáveis ou recicláveis dentro do próprio canteiro; classe B – resíduos recicláveis para outras destinações; classe C – resíduos para os quais não foram desenvolvidas tecnologias ou aplicações economicamente viáveis que permitam a sua reciclagem/recuperação; e classe D – resíduos perigosos oriundos do processo de construção.

4. Os resíduos da construção civil consistem, basicamente, em 60% de argamassa, 30% de componentes de vedação e 10% de outros materiais, como concreto, pedra, areia, madeira, canos etc.

5. Por meio do treinamento dos funcionários.

SOBRE A AUTORA

JANIEYRE SCABIO CADAMURO é graduada em Economia pela Fundação de Estudos Sociais do Paraná (Fesp), com especialização em Educação a Distância pelo Senac. Além disso, foi aluna ouvinte do MBA em Gestão de Recursos Públicos da Faculdade Expert. Com aproximadamente 16 anos de experiência em gestão de pessoas, é autora de diversos materiais didáticos nas áreas de logística, finanças, contabilidade e gestão. Participou do desenvolvimento da Construção de Perfis, Matrizes, Fluxogramas e Instrumentos de Avaliações de Competências para profissionais que atuam no mercado de trabalho sem certificação formal, para o Senac-PR. Além disso, é professora presencial e tutora em EaD nas instituições Unindus, Senac, Ibpex, Senat, na ONG Cidade Júnior e na Escola de Administração Fazendária (ESAF). Como pesquisadora, desenvolveu um estudo junto à Universidade Estadual de Maringá (UEM), onde efetuou uma análise da importância das interações comunicativas para o desenvolvimento/aprimoramento de um modelo pedagógico que atenda às necessidades da EaD. Além da presente obra, publicou, pela Editora Ibpex, os livros *O auxiliar administrativo no escritório* e *Atendimento de qualidade em postos de combustível*.

EDITORA intersaberes

Rua Clara Vendramin, 58 . Mossunguê
CEP 81200-170 . Curitiba . PR . Brasil
Fone: (41) 2106-4170
www.intersaberes.com
editora@editorainsaberes.com.br

CONSELHO EDITORIAL
Dr. Ivo José Both (presidente)
Dr.ª Elena Godoy
Dr. Nelson Luís Dias
Dr. Neri dos Santos
Dr. Ulf Gregor Baranow

EDITORA-CHEFE
Lindsay Azambuja

SUPERVISORA EDITORIAL
Ariadne Nunes Wenger

ANALISTA EDITORIAL
Ariel Martins

PREPARAÇÃO DE ORIGINAIS
Raphael Moroz

CAPA
Stefany Conduta Wrublevski
Sílvio Gabriel Spannenberg

PROJETO GRÁFICO
João Leviski Alves
Stefany Conduta Wrublevski

DIAGRAMAÇÃO
Stefany Conduta Wrublevski

FOTOGRAFIAS
Fotolia, LatinStock

ILUSTRAÇÕES
Adriano Pinheiro

ICONOGRAFIA
Sandra Aparecida Sebastião

Dados Internacionais de Catalogação na Publicação (CIP)

Cadamuro, Janieyre Scabio
  Liderança no canteiro de obras/Janieyre Scabio Cadamuro. – Curitiba: InterSaberes, 2013.

  Bibliografia.
  ISBN 978-85-8212-564-9

  1. Canteiro de obras 2. Liderança I. Título.

12-15400   CDD-691

Índices para catálogo sistemático:
1. Liderança no canteiro de obras: Construção civil   691

1ª EDIÇÃO, 2013.
FOI FEITO O DEPÓSITO LEGAL.
INFORMAMOS QUE É DE INTEIRA RESPONSABILIDADE DA AUTORA A EMISSÃO DE CONCEITOS.
NENHUMA PARTE DESTA PUBLICAÇÃO PODERÁ SER REPRODUZIDA POR QUALQUER MEIO OU FORMA SEM A PRÉVIA AUTORIZAÇÃO DA EDITORA INTERSABERES.
A VIOLAÇÃO DOS DIREITOS AUTORAIS É CRIME ESTABELECIDO NA LEI Nº 9.610/1998 E PUNIDO PELO ART. 184 DO CÓDIGO PENAL.

Os papéis utilizados neste livro, certificados por instituições ambientais competentes, são recicláveis, provenientes de fontes renováveis e, portanto, um meio responsável e natural de informação e conhecimento.

FSC
www.fsc.org
MISTO
Papel produzido a partir de fontes responsáveis
FSC® C103535

Impressão: Reproset
Agosto/2019